IOGURTES, smoothies & SORVETES

IGUARIAS REFRESCANTES

IOGURTES, smoothies & SORVETES

IGUARIAS REFRESCANTES

Carmen Fernández

Planeta

COORDENAÇÃO: Paula B. P. Mendes
TRADUÇÃO: Sandra Martha Dolinsky
PREPARAÇÃO DE TEXTO: Olga Sérvulo
REVISÃO: Cátia de Almeida
DIAGRAMAÇÃO: all4type.com.br

COLABORAÇÃO NOS TEXTOS:
Carmen Fernández e equipe editorial Libsa
EDIÇÃO: equipe editorial Libsa
CAPA: equipe de design Libsa
DIAGRAMAÇÃO: equipe de diagramação Libsa
ILUSTRAÇÕES: Photos.com, Shutterstock Images,
123RF e arquivo Libsa

CIP-BRASIL. CATALOGAÇÃO-NA-FONTE
SINDICATO NACIONAL DOS EDITORES DE LIVROS, RJ

F413i Fernández, Carmen
Iogurtes, smoothies e sorvetes : iguarias refrescantes / Carmen Fernández ; [tradução Sandra M. Dolinsky]. - São Paulo : Planeta, 2012.
160p. ; il. ; 26cm

Tradução de: Yogures, smoothies & helados : refrescantes sorbitos

ISBN 978-85-7665-962-4

1. Culinária (Açúcar). I. Título.

12-4029. CDD: 641.5
CDU: 641.5

2012

Editora Planeta do Brasil
Av. Francisco Matarazzo, 1500
Ed. New York – 3º andar – conjunto 32B
05001-100 – São Paulo-SP – Brasil
www.editoraplaneta.com.br
vendas@editoraplaneta.com.br

Sumário

Introdução

Só de ouvir seu nome ou imaginá-los, nossas papilas gustativas já se manifestam, deleitando-se com um sabor imaginário. Quem resiste à tentação de degustar qualquer uma dessas delícias frias ou geladas? Espumas tão suaves quanto o nome, musses envolventes, vitaminas que levantam o ânimo mais decaído, iogurtes gelados que nos devolvem o sabor do que é verdadeiro, smoothies intensos que nos transportam a paisagens tropicais ou ao interior de bosques em busca de frutas silvestres, sorvetes para todos os gostos, desde um simples picolé até uma sofisticada bomba gelada ou um refrescante sorbet.

Elaborados de maneira artesanal, como faziam nossas avós, com receitas que vêm do Extremo Oriente, da Grécia clássica, do próprio Marco Polo, da tradicional Itália, da rica gastronomia tropical ou da moda saudável que se implantou na Califórnia nos anos 1960. Com mais ou menos calorias, para que todos possamos desfrutá-los, são muito fáceis de preparar.

As temperaturas não precisam subir para aproveitarmos essas delícias. Qualquer momento é bom para nos rendermos à tentação. Gole a gole, colherada a colherada, merecem um capítulo à parte dentro das delícias gastronômicas. Será que ainda faltam argumentos para preparar e degustar qualquer uma dessas delícias geladas?

IOGURTE

O iogurte é um produto fundamental na alimentação do ser humano há séculos, graças a suas bactérias benéficas, excelentes para o sistema imunológico. De fato, muitos especialistas acreditam que ele se tornou conhecido muito antes que a agricultura.

O termo iogurte tem origem em uma palavra búlgara, *jaurt*. Foram os habitantes dos Bálcãs e da Ásia Menor que primeiro descobriram como se elaborava essa delícia láctea e, ao mesmo tempo, apreciaram suas propriedades nutritivas. As tribos nômades descobriram que o leite se transformava em uma massa semissólida ao ser transportado em sacos de pele de cabra, porque o calor e o contato do produto com a pele fomentavam sua fermentação pela ação de bactérias ácidas.

A facilidade de transporte, conservação e suas propriedades nutritivas transformaram o iogurte em um alimento essencial para esses povos, a ponto de alguns historiadores dizerem que Gengis Khan obrigava suas tropas a bebê-lo para se fortalecer e ter uma boa saúde.

Logo o iogurte começou a ser conhecido em outras partes do mundo, incorporando-se à cozinha de inúmeras civilizações. Os gregos o utilizavam para curar problemas de estômago e intestinais, e na Índia era conhecido como *dahi*, um alimento atribuído aos deuses.

No entanto, apesar de suas diversas propriedades nutritivas, o iogurte só se transformou em alimento popular no século XX. Foi o biólogo russo Mechnikov, prêmio Nobel em 1908, que, graças à sua teoria de que o consumo de iogurte era responsável pela longevidade dos camponeses búlgaros, o transformou em alimento essencial para a saúde.

Como se prepara

Obtido pela fermentação bacteriana do leite (mediante o *Lactobacillus bulgaricus* e o *Streptococcus thermophilus*), o iogurte é um produto lácteo feito com leite de vaca, de cabra e de ovelha (e búfala na Índia), integral, parcial ou totalmente desnatado, ou com creme de leite agregado (como no caso do iogurte grego), previamente fervido ou pasteurizado, ao qual se pode acrescentar fruta, chocolate, *müsli*, baunilha e outros sabores.

Um alimento imprescindível

Nutricionalmente, o iogurte é rico em proteínas originárias do leite. Além disso, no processo de fermentação, os microrganismos produzem vitaminas do grupo B necessárias para o metabolismo, mas reduzem o conteúdo de algumas já presentes no leite, como a vitamina B12 e a vitamina C. Contém também fósforo, potássio, magnésio, zinco, iodo e, principalmente, cálcio, razão pela qual é um aliado imprescindível para fortalecer e dar saúde aos ossos e dentes.

A ação do iogurte no sistema digestivo faz dele uma defesa natural contra todo tipo de infecção e doenças. Além disso, ele diminui o colesterol, permite absorver as gorduras mais facilmente e equilibra o intestino, controlando a diarreia e a constipação. Também reduz os efeitos negativos dos antibióticos e protege o estômago dos efeitos causados por certos medicamentos.

E, como se todos esses benefícios não bastassem, em suas variedades desnatadas ele não engorda, de

modo que é recomendável em todas as dietas de emagrecimento, pois fornece energia e nutrientes básicos, mas muito poucas calorias.

Na cozinha

Em culinária, o iogurte é muito mais do que uma simples sobremesa ou lanchinho, além de ser uma maravilhosa opção para começar bem o dia tomando no café da manhã, pois, embora seja delicioso puro, com frutas secas ou frescas, mel, açúcar, cereais ou geleia, também pode ser utilizado como ingrediente de bolos, tortas, sorvetes, sobremesas e muitos molhos e cremes. O limite é nossa imaginação para combinar outros alimentos com o delicioso e ancestral iogurte.

SMOOTHIE

O smoothie é uma bebida cremosa feita, geralmente, à base de pedaços e sucos de fruta, concentrados ou congelados, que podem ser misturados com bebidas lácteas, gelo ou sorvete. Tem uma consistência meio densa, parecida com uma vitamina, mas um pouco mais espessa. Tradicionalmente, nos Estados Unidos o smoothie era consumido misturado com gelo picado, ficando parecido a uma raspadinha natural, mas mais cremosa, daí seu nome.

De origem tropical (nos países da América do Sul é habitual beber misturas de frutas frescas batidas), nos anos 1960 entrou na moda nos Estados Unidos, especificamente na Califórnia, com o *boom* das academias e das bebidas energéticas e com baixas calorias e gorduras. Os smoothies se transformaram em uma alternativa energética, natural e vitamínica aos refrigerantes.

Cem por cento naturais

Para a elaboração de um bom smoothie é primordial escolher frutas e verduras de qualidade, de preferência da estação. Quanto mais madura for a fruta, mais doce será o sabor do smoothie. Convém ter cuidado para que a fruta não tenha machucados nem sinais de apodrecimento. Também podemos picá-la e congelá-la para que esteja sempre à mão quando quisermos preparar um smoothie.

Uma opção que a cada dia ganha mais adeptos são os *green* smoothies, mistura de verduras e frutas. Em sua elaboração utilizam-se, normalmente, 60% de fruta e 40% de verdura.

Saúde e beleza

Ricos em vitaminas, minerais e fibra, os smoothies são verdadeiras minas de antioxidantes, que, além de nos deixarem bonitos, previnem o envelhecimento e melhoram o estado de ânimo. E, por conterem uma quantidade significativa de água, são excelentes hidratantes. Além disso, as frutas e verduras nos protegem de alguns tipos de câncer, doenças cardiovasculares, AVC, diabetes, síndrome metabólica, osteoporose e artrite.

Truques que não falham

- O segredo de um bom smoothie é que esteja bem gelado. Se necessário, podemos preparar gelo picado antes de começar sua elaboração, já que devem ser tomados, se possível, na hora.

- Se o smoothie ficou muito denso, podemos diluí-lo com água fria. Caso fique muito líquido, podemos deixá-lo mais denso acrescentando iogurte ou tofu cremoso.

- Embora possamos preparar smoothies com diversas frutas e verduras, não convém usar muitos ingredientes de uma vez porque podem mascarar os sabores.

SORVETE

Nutritivos e energéticos, os sorvetes passaram de um produto tipicamente de verão a uma delícia gelada que pode ser desfrutada o ano todo, desde que os degustemos com moderação, pois, embora não engordem tanto quanto se acredita, seu valor energético é médio: aproximadamente entre 150 e 300 calorias em cada 100g. Além disso, também podemos degustar um delicioso sorvete de gelo, conhecido popularmente como picolé. Tem menos calorias que o sorvete cremoso, mas seu valor nutritivo também é menor.

Uma sobremesa milenar

Antigamente, o sorvete era um manjar de reis e seu consumo estava reservado aos mais privilegiados, que guardavam de forma zelosa as fórmulas para sua preparação. Em sua origem, baseava-se na mistura de gelo com fruta natural ou suco. Mais tarde, acrescentaram-se o leite e outros produtos, como cacau, café e frutas secas.

Sorvetes de nata e leite

São elaborados com nata ou creme de leite, leite integral ou desnatado e gordura não láctea de origem animal ou vegetal. O *biscuit glacé* é uma batida de

gemas aromatizada a que se acrescenta uma calda. Quando estão bem emulsionados, acrescenta-se o creme de leite quase firme e, em alguns casos, claras em neve, diversos licores e aromas. Uma vez elaborado, verte-se o creme em forminhas que são levadas ao freezer. Não precisa de sorveteira elétrica, visto que não cristaliza ao congelar. É servido puro ou com uma calda quente de chocolate.

100ml) se comparado com os sorvetes de nata ou leite (de 200 a 250 calorias por 100ml), cujo conteúdo de água é de 50-60%.

Sorvetes de gelo

Dentro dessa classificação encontram-se os picolés, sorbets e raspadinhas. Este tipo de sorvete é preparado com sucos ou polpa de frutas naturais e uma calda, mas seu ingrediente principal é a água (constitui 85-90% de sua composição), motivo pelo qual possui pouco valor calórico (por volta de 70 calorias por

Os picolés são os sorvetes de gelo mais tradicionais. Embora em sua origem Polo (picolé, em espanhol) tenha sido uma marca registrada, acabou virando a denominação dessa variedade de sorvete que costuma ser elaborada com sucos de fruta, águas com sabor, corantes e açúcar. É feito congelando o líquido em volta de um palito, como um pirulito. Também existem picolés à base de leite, que em geral são cobertos por uma camada de *fudge* ou cobertura de chocolate; às vezes levam algum recheio, que pode ser de leite condensado ou alguma calda.

Os sorbets foram as primeiras sobremesas geladas e têm origem chinesa. Os chineses ensinaram os persas e árabes, e, finalmente, estes últimos os apresentaram ao mundo cristão. São sorvetes de água de textura suave, elaborados com uma calda de açúcar mais suco de fruta ou purê de fruta e misturados com merengue ou com claras de ovo batidas. Às vezes também se acrescenta licor para dar mais sabor. Os sorbets costumam ser saboreados como sobremesa, mas também servem como "refresco" entre pratos, para limpar o paladar.

As raspadinhas são um tipo de sorvete de água que se consome em estado semissólido. Têm aspecto granulado e um sabor intenso de suco de frutas, fruta batida, licores ou infusões. São refrescantes e fáceis de preparar. O açúcar que levam, além de dar sabor, evita que o congelamento seja muito rápido e que a mistura se transforme em um bloco de gelo (a proporção ótima leva 100g de açúcar para cada litro de água ou suco). O preparo da raspadinha consiste em cozinhar uma calda não muito grossa, que se mistura com o suco de frutas, café ou chá e é levada ao ponto de congelamento; a seguir, a mistura é triturada antes de ser servida em taças altas. O gelo deve ficar picadinho, seus cristais devem ser notados e sua consistência deve ser menor que a dos sorbets.

Sobremesas geladas

O suflê gelado consiste basicamente em um doce não cozido. Não se utiliza gelatina para dar o ponto e é congelado até que fique firme. Mas a mistura mantém uma textura sutil e leve que casa perfeitamente com o sabor das frutas.

O *semifreddo* é um tipo de sobremesa semicongelada (tortas geladas, cremes e cestinhas de fruta) que tem a textura de uma espuma gelada, porque normalmente é elaborada juntando-se duas partes iguais de sorvete e chantili. O *Baked Alaska*, conhecido também como "Omelete norueguês" ou, em francês, *Glace au four* ou *Omelette à la norvégienne*, é uma sobremesa à base de sorvete que se coloca em uma forma que contém lâminas de pão de ló ou pudim de Natal e é coberto de merengue. Seu nome foi cunhado no restaurante Delmonico's de Nova York, em homenagem ao território norte-americano que havia sido adquirido recentemente.

O sorvete frito é uma sobremesa que costuma ser elaborada passando-se uma bola de sorvete em ovo cru, flocos de milho ou biscoitos triturados e fritando-a levemente. Pode ser polvilhado com canela ou açúcar de confeiteiro ou coberto com creme de leite batido ou mel.

O *Café de Lieja* é uma sobremesa gelada feita de café levemente adoçado, sorvete de café e chantili. Para elaborá-lo, refrigera-se um copo

ou taça grande de vidro com a quantidade adequada de café adoçado, acrescentando o sorvete e o chantili na hora de servir. Normalmente é polvilhado com grãos de café torrado triturados, como decoração.

O *zuccotto* é um doce italiano semigelado parecido com a *zuppa* inglesa, ou a cassata. É elaborado em forma de abóbada, usando-se pão de ló ou biscoito champanhe molhado em rum ou em algum outro licor de alto teor alcoólico. Acrescenta-se uma camada grossa de chantili aromatizado com baunilha ou chocolate, frutas cristalizadas, frutas secas ou nozes, e cobre-se com outra camada de biscoitos.

IOGURTE, UMA DELÍCIA LÁCTEA

Por seu requintado sabor, o iogurte não é delicioso apenas como sobremesa – puro ou com açúcar, geleia, mel, chocolate, *müsli*, frutas, ao natural ou gelado –, mas também como ingrediente imprescindível de muitos molhos e temperos, e, evidentemente, como bebida refrescante.

AROMA DO BOSQUE

PORÇÕES: 4 · TEMPO DE PREPARO: 8 MINUTOS · DIFICULDADE: BAIXA

INGREDIENTES
250g de morango
1 caixinha de mirtilos azuis (100g)
4 iogurtes de morango
1 xícara de *müsli* (25g por porção)
Frutas desidratadas
100g de açúcar

VALOR ENERGÉTICO
Calorias: 394kcal
Proteínas: 15,4g
Gorduras: 5,85g
Carboidratos: 66g

modo de preparo

Lavar e secar com cuidado os morangos, eliminando as folhinhas. Picar. Lavar e secar os mirtilos.

Em um recipiente, misturar os iogurtes com os morangos, os mirtilos, o *müsli* e as frutas desidratadas. Adoçar a gosto. Distribuir em copos ou taças individuais. Servir bem gelado.

dados nutricionais

Embora todos os mirtilos sejam muito ricos em vitamina C, os azuis, pretos ou americanos, de cor preta-azulada e um pouco maiores (de 6,5 a 12,5mm de diâmetro), têm mais quantidade dessa vitamina do que os mirtilos comuns.

SUGESTÃO DE CONSUMO

Se desejar reduzir o teor calórico desta sobremesa, em vez de açúcar pode usar adoçante. Além disso, utilize *müsli* integral e sem açúcar. O resultado será igualmente delicioso.

COCO COM SURPRESA

PORÇÕES: 4 · TEMPO DE PREPARO: 5 MINUTOS · DIFICULDADE: BAIXA

INGREDIENTES
150g de uchuva
4 iogurtes de coco
Canela em pó
Folhinhas de hortelã

VALOR ENERGÉTICO
Calorias: 135,25kcal
Proteínas: 6,24g
Gorduras: 3,89g
Carboidratos: 20,1g

modo de preparo

Lavar e descascar as uchuvas com muito cuidado, eliminando as folhinhas. Cortar em pedacinhos. Distribuir os iogurtes de coco em copos individuais e pôr em cima as uchuvas picadas.

Polvilhar com um pouquinho de canela em pó. Decorar com folhinhas de hortelã e servir bem gelado.

dados nutricionais

A uchuva, fruta oriunda dos Andes, é muito apreciada por suas propriedades terapêuticas. Suas folhas e o fruto são utilizados na indústria farmacêutica. É ideal para os diabéticos e também como tranquilizante, por ser rica em flavonoides.

SUGESTÃO DE CONSUMO

Nada mais fácil do que preparar um delicioso iogurte. Basta acrescentar coco ralado (125g para 1 litro de leite e 1 iogurte natural), encontrado no mercado já pronto para usar.

COM UM TOQUE DE CANELA

PORÇÕES: 4 · TEMPO DE PREPARO: 5 MINUTOS · DIFICULDADE: BAIXA

INGREDIENTES

4 iogurtes naturais
100g de açúcar
1 xícara de *müsli* (25g por porção)
Frutas desidratadas
Canela em pó e em pau

VALOR ENERGÉTICO

Calorias: 297kcal
Proteínas: 7,11g
Gorduras: 5,56g
Carboidratos: 60,71g

modo de preparo

Distribuir os iogurtes em copos individuais, adoçar e bater até atingir uma textura cremosa.

Distribuir por cima o *müsli* e as frutas desidratadas. Polvilhar com canela em pó e decorar com uma canela em pau. Servir bem gelado.

dados nutricionais

Se esta deliciosa sobremesa for degustada após uma lauta refeição, uma infusão feita com canela em pau (devido a suas propriedades carminativas) facilitará a digestão. Melhor ainda se for adoçada com uma colher de mel.

SUGESTÃO DE CONSUMO

Tanto em pau quanto em pó, pode-se utilizar a canela na elaboração de uma grande variedade de doces: cremes, musses, arroz-doce, bolos, rabanadas, *apfelstrudel*, pudins, sorvete de canela...

COULIS DE CEREJAS E IOGURTE

PORÇÕES: 4 · TEMPO DE PREPARO: 15 MINUTOS · DIFICULDADE: BAIXA

INGREDIENTES

200g de cerejas limpas e sem caroço
240ml de água
100g de açúcar
4 iogurtes gregos (coalhada seca)
Canela em pau e anis-estrelado

VALOR ENERGÉTICO

Calorias: 222kcal
Proteínas: 4,5g
Gorduras: 4,4g
Carboidratos: 60g

modo de preparo

Em uma panela, colocar as cerejas, a água e o açúcar e cozinhar em fogo baixo até que a água reduza. Mexer de vez em quando, esmagando as cerejas. Quando obtiver uma textura espessa, retirar do fogo e bater na batedeira até obter o *coulis*. Deixar esfriar.

Bater os iogurtes com um pouco de açúcar e distribuir em copos individuais, formando camadas com o *coulis* de cerejas. Decorar com anis-estrelado e canela em pau e servir gelado.

dados nutricionais

Embora a cereja seja rica em carboidratos, principalmente frutose, seu valor calórico é moderado em relação a outras frutas. Também fornece fibra, que melhora o trânsito intestinal, e pequenas quantidades de provitamina A e vitamina C. Mas o que a destaca é seu conteúdo de flavonoides e ácido elágico, excelentes antioxidantes.

SUGESTÃO DE CONSUMO

Com esses mesmos ingredientes, pode-se preparar um delicioso sorvete de iogurte e *coulis* de cerejas. Basta acrescentar chantili, leite condensado e açúcar invertido (combinação de glicose e frutose) ao iogurte. Desta maneira, obtém-se uma delícia muito nutritiva.

DOCE SURPRESA

PORÇÕES: 4 • TEMPO DE PREPARO: 10 MINUTOS • DIFICULDADE: BAIXA

INGREDIENTES

4 bananas

300g de morango

160ml de leite

4 iogurtes naturais

100g de açúcar

VALOR ENERGÉTICO

Calorias: 334kcal

Proteínas: 7g

Gorduras: 5,72g

Carboidratos: 60,88g

modo de preparo

Descascar as bananas e picar. Retirar o talo dos morangos, lavar e secar com cuidado e picar.

Reservar alguns morangos para decorar e bater o restante no liquidificador com as bananas, o leite e o iogurte, até obter uma textura cremosa. Adoçar. Decorar com os morangos reservados e servir gelado.

dados nutricionais

Rica em potássio, magnésio, ácido fólico e substâncias de ação adstringente, a banana também fornece muita fibra e é uma das frutas mais calóricas, por conta de seu elevado conteúdo de carboidratos.

SUGESTÃO DE CONSUMO

Como tanto as bananas quanto os morangos podem ser congelados, é possível usá-los para preparar deliciosos sorvetes e sorbets em qualquer época do ano, assim como bolos, tortas e vitaminas energizantes.

INJEÇÃO DE ENERGIA

PORÇÕES: 4 · TEMPO DE PREPARO: 5 MINUTOS · DIFICULDADE: BAIXA

INGREDIENTES

300g de mirtilo vermelho

3 iogurtes gregos (coalhada seca)

300ml de leite

100g de açúcar

1 xícara de *müsli* com frutas

VALOR ENERGÉTICO

Calorias: 339kcal

Proteínas: 8g

Gorduras: 4,3g

Carboidratos: 28g

modo de preparo

Lavar e secar com cuidado os mirtilos e batê-los no liquidificador com os iogurtes, o leite e o açúcar. Bater até obter uma textura cremosa. Servir em copos individuais, acrescentando o *müsli* por cima.

dados nutricionais

Tanto os cereais quanto as frutas são alimentos que não devem faltar em nossa dieta diária. Acompanhados de *müsli*, tornam esta vitamina ideal para complementar nossa alimentação. É muito recomendável tomá-la no café da manhã, pois sua composição nutritiva (carboidratos, proteínas, vitaminas, lipídios e minerais) ajuda a começar o dia com muita energia.

SUGESTÃO DE CONSUMO

Para fazer um *müsli* caseiro, podem-se utilizar cereais integrais ou refinados (flocos de aveia, soja, trigo, milho, cevada etc.), frutas secas (amendoins, avelãs, nozes picadas) e frutas desidratadas (morangos, ameixas, maçãs, tâmaras, damascos, uvas), com leite ou iogurte, e até acrescentar flocos de chocolate.

CONSELHO

Sempre que lavar os mirtilos, ou qualquer outra fruta, é conveniente secar um pouco antes de juntar à receita ou picar, porque a água pode reduzir muito a intensidade de seu sabor.

GELEIA DE FRUTAS

PORÇÕES: 5 · TEMPO DE PREPARO: 5 MINUTOS · DIFICULDADE: BAIXA

INGREDIENTES

200g de frutas variadas (mirtilos, kiwis, morangos, pêssegos...) • Suco de limão • 4 iogurtes naturais • 4 colheres (sopa) de geleia de frutas (do sabor da fruta escolhida) • 100g de açúcar • Folhinhas de hortelã

VALOR ENERGÉTICO

Calorias: 279kcal • Proteínas: 4g • Gorduras: 2,6g • Carboidratos: 62,8g

modo de preparo

Picar as frutas, já limpas, e reservar. Regar com algumas gotas de suco de limão para que não escureçam. Bater os iogurtes com a geleia de frutas e o açúcar até obter uma textura cremosa bem fina.

Distribuir a mistura em copos individuais, salpicar por cima os pedacinhos de fruta reservados e decorar com folhinhas de hortelã. Servir bem gelado.

dados nutricionais

A geleia é uma conserva doce de aspecto quase transparente e gelatinoso, elaborada com frutas ou suco de frutas ou hortaliças e bastante açúcar ou mel, cozida muito lentamente, abaixo do ponto de ebulição. Ao final, deixa-se encorpar. Pode-se acrescentar pectina ou gelatina para dar um toque gelatinoso, mas isso não é indispensável.

SUGESTÃO DE CONSUMO

Se desejar fazer uma geleia caseira de frutas, cozinhar 1kg da fruta escolhida em 1 litro de água, em fogo bem baixo, durante 1 hora. Depois, coar, acrescentar 700g de açúcar e 200ml de suco de limão e levar de volta ao fogo médio-baixo por 20 minutos, mexendo de vez em quando. Retirar do fogo e deixar esfriar antes de guardar em potes de vidro.

CHUVA DE FRAMBOESAS

PORÇÕES: 4 · TEMPO DE PREPARO: 5 MINUTOS · DIFICULDADE: BAIXA

INGREDIENTES
4 iogurtes de framboesa
200ml de leite
100g de açúcar
1 caixinha de framboesas (100g)
Bolachas de arroz
Folhinhas de hortelã

VALOR ENERGÉTICO
Calorias: 260kcal
Proteínas: 5,6g
Gorduras: 4g
Carboidratos: 45g

modo de preparo

Bater os iogurtes com o leite e o açúcar e distribuir em tigelas individuais.

Servir com as framboesas e as bolachas de arroz, decorando cada pote com folhinhas de hortelã. Guardar na geladeira até a hora de servir.

dados nutricionais

A framboesa é muito rica em vitamina C, a ponto de uma xícara dessa deliciosa fruta proporcionar 88% das necessidades diárias dessa vitamina (um poderoso antioxidante que ajuda a neutralizar a influência negativa dos radicais livres). Comer framboesa ajuda a desintoxicar o organismo e a prevenir inúmeras doenças degenerativas ocasionadas pelo acúmulo de toxinas.

SUGESTÃO DE CONSUMO

Com as framboesas, pode-se preparar uma deliciosa geleia para acompanhar as torradas do café da manhã, adoçar o iogurte, rechear crepes, misturar com chantili ou preparar sorvetes. Sua cor intensa é perfeita para qualquer sobremesa com uma nota de cor.

MAÇÃ COM CREME DE IOGURTE

PORÇÕES: 4 · TEMPO DE PREPARO: 5 MINUTOS · DIFICULDADE: BAIXA

INGREDIENTES

8 colheres (sopa) de compota de maçã verde
4 iogurtes gregos (coalhada seca)
200ml de leite
1 copinho de creme de leite
100g de açúcar
1 caixinha de mirtilos azuis (100g)
1 xícara de *müsli*

VALOR ENERGÉTICO

Calorias: 480kcal
Proteínas: 12g
Gorduras: 8g
Carboidratos: 38,5g

modo de preparo

Colocar todos os ingredientes (exceto os mirtilos e o *müsli*) no liquidificador e bater até obter um creme fino. Distribuir o creme em copos individuais e colocar por cima o *müsli* e os mirtilos. Servir bem gelado.

dados nutricionais

Tradicionalmente, a maçã é conhecida como "a fruta da saúde". Existe um ditado em inglês que diz: "*An apple a day keeps the doctor away*" (Uma maçã por dia mantém o médico longe). Rica em pectina (boa aliada contra o colesterol e o diabetes), aminoácidos, açúcares, ácidos e fibras, a maçã tem muitas propriedades curativas, além do reconhecido poder diurético e depurativo.

SUGESTÃO DE CONSUMO

Para simplificar a preparação desta deliciosa sobremesa, pode-se utilizar iogurte com sabor de maçã, em vez da compota. O sabor será menos intenso, mas, se o iogurte for desnatado, o resultado será menos calórico. Também é possível substituir o leite por creme de leite light.

MANJAR DOS DEUSES

PORÇÕES: 4 • TEMPO DE PREPARO: 5 MINUTOS • DIFICULDADE: BAIXA

INGREDIENTES

4 iogurtes gregos (coalhada seca) • 100g de açúcar • 1 copinho de creme de leite • 1 cacho de uvas verdes • 1 cacho de uvas vermelhas • Pedacinhos de pão torrado

VALOR ENERGÉTICO

Calorias: 250kcal • Proteínas: 7g • Gorduras: 4,5g • Carboidratos: 40g

SUGESTÃO DE CONSUMO

Para potencializar o sabor do iogurte, pode-se batê-lo com algumas uvas sem pele e sem sementes. Se optar por uvas vermelhas,vai acrescentar uma cor linda ao resultado final deste delicioso prato.

modo de preparo

Colocar na batedeira os iogurtes, o açúcar e o creme de leite e bater até obter um creme bem fino. Distribuir a mistura em copos e acompanhar com uvas verdes e vermelhas e pedacinhos de pão torrado. Guardar na geladeira até a hora de servir.

dados nutricionais

Embora a composição das uvas varie conforme o tipo, todas se destacam por seu teor de açúcares, principalmente glicose e frutose (mais abundantes nas uvas brancas), e vitaminas (ácido fólico e vitamina B6). Justamente devido à sua riqueza em açúcares, as uvas são frutas muito calóricas, mas as cultivadas em regiões frias costumam ter menos açúcar do que as que crescem em terrenos quentes e secos.

MISTURAS DO BOSQUE

PORÇÕES: 4 · TEMPO DE PREPARO: 10 MINUTOS · DIFICULDADE: BAIXA

INGREDIENTES
- 500ml de água
- 500g de açúcar
- 1 fava de baunilha
- 60g de framboesa
- 150g de mirtilo
- 60g de morango
- 150g de groselha
- 60g de amora

VALOR ENERGÉTICO
- Calorias: 528kcal
- Proteínas: 0g
- Gorduras: 0g
- Carboidratos: 23g

modo de preparo

Colocar em uma panela a água com o açúcar e a fava de baunilha e levar ao fogo para ferver até obter a calda. Enquanto isso, limpar as frutas, secar e picar. Pôr as frutas em uma vasilha, acrescentar a calda, misturar com cuidado e deixar esfriar.

dados nutricionais

A amora-preta é um arbusto que dá frutos com um sabor mais doce que os da árvore, a amoreira. São ricos em antioxidantes e vitaminas C e E, um pouco de vitaminas A e B e minerais como potássio, cálcio, ferro, magnésio e manganês.

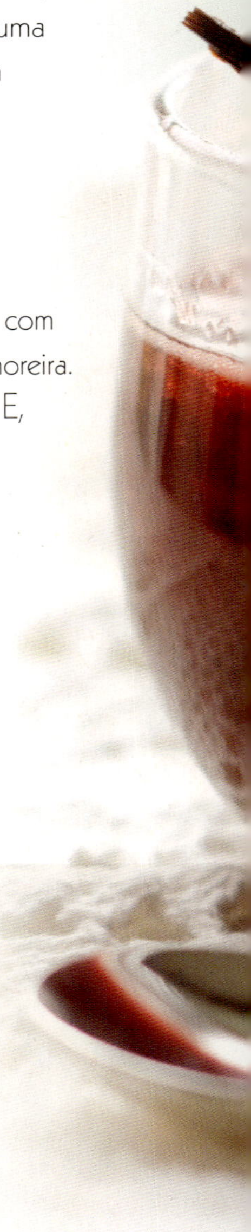

CONSELHO

Se tiver um pacote de frutas vermelhas guardado, pode preparar uma deliciosa musse gelada, acrescentando chantili e merengue feito com açúcar de confeiteiro e clara de ovo. Ficará delicioso!

SUGESTÃO DE CONSUMO

As frutas silvestres são ideais para preparar bolos, tortas geladas e vitaminas doces. São um item decorativo fundamental na confeitaria.

NUVENS DE GULOSEIMAS

PORÇÕES: 4 · TEMPO DE PREPARO: 5 MINUTOS · DIFICULDADE: BAIXA

INGREDIENTES

4 iogurtes naturais
1 copo de creme de leite
100g de açúcar
4 colheres (sopa) de geleia de framboesa
1 xícara de fruta desidratada picada
150g de mirtilos azuis
Chantili
1 caixinha de framboesas (100g)

VALOR ENERGÉTICO

Calorias: 433kcal
Proteínas: 5,5g
Gorduras: 10,63g
Carboidratos: 70,25g

modo de preparo

Bater os iogurtes com o creme de leite e o açúcar e distribuir em copos individuais. Pôr em cima uma colher (sopa) de geleia de framboesa, pedacinhos de fruta desidratada e mirtilos.

Cobrir com o chantili, decorar com framboesas e servir bem gelado.

dados nutricionais

Rica em vitaminas C e E, a framboesa tem alto teor de água e fibras e pequenas doses de cálcio, potássio, ferro e magnésio. Pode ser consumida de diversas formas, e as geleias, vitaminas e sorvetes elaborados com ela são deliciosos. As colheitas ocorrem no verão e no outono.

SUGESTÃO DE CONSUMO

Se quiser dar um toque especial a esta receita, pode-se recorrer a uma tacinha de licor de framboesa e utilizar leite de coco em vez do creme de leite. É uma excelente alternativa para os doces industriais.

PIRÂMIDE COLORIDA

PORÇÕES: 4 · TEMPO DE PREPARO: 5 MINUTOS · DIFICULDADE: BAIXA

INGREDIENTES

4 kiwis

4 iogurtes de coco

1 xícara de fruta desidratada picada

VALOR ENERGÉTICO

Calorias: 241kcal

Proteínas: 5,4g

Gorduras: 3,4g

Carboidratos: 42,6g

modo de preparo

Descascar e picar os kiwis. Bater os iogurtes e distribuir em taças individuais. Pôr em cima a fruta desidratada com os pedacinhos de kiwi.

Guardar na geladeira até a hora de servir, para que fique bem gelado.

dados nutricionais

Como o componente fundamental do kiwi é a água, seu teor calórico é moderado. E sua riqueza em vitamina C é considerável: mais que o dobro de uma laranja. Também é muito rico em vitaminas do grupo B.

SUGESTÃO DE CONSUMO

Em temperatura ambiente, o kiwi dura quinze dias. Se guardar na geladeira, um mês; e se o congelar, até seis meses. É uma fruta que fica deliciosa com *mascarpone* e também é excelente para preparar geleias.

PRAZERES GOURMET

PORÇÕES: 4 · TEMPO DE PREPARO: 5 MINUTOS · DIFICULDADE: BAIXA

INGREDIENTES

4 iogurtes naturais • 1 copo de creme de leite light • 100g de açúcar • 4 colheres (sopa) de *müsli* • 4 colheres (chá) de sementes de abóbora • 4 colheres (chá) de passas • 1 caixinha de framboesas (100g)

VALOR ENERGÉTICO

Calorias: 320kcal • Proteínas: 4,75g • Gorduras: 8g • Carboidratos: 53g

SUGESTÃO DE CONSUMO

Podem-se utilizar os iogurtes e as framboesas para preparar um delicioso pudim. Bater 4 ovos e misturar com o iogurte, 1 litro de leite e 100g de açúcar. A seguir, banhar o interior de forminhas de pudim individuais com caramelo líquido, despejar nelas a mistura de iogurte e assar em banho-maria. Desenformar os pudins quando estiverem frios e decorar com as framboesas.

modo de preparo

Bater os iogurtes com o creme de leite e o açúcar e distribuir em vasilhas individuais. Pôr em cima o *müsli*, as sementes de abóbora e as passas. Finalizar com as framboesas. Guardar na geladeira até a hora de servir.

dados nutricionais

Embora as sementes de abóbora tenham sido muito valorizadas por suas propriedades nutricionais e medicinais desde a Antiguidade, hoje não recebem o devido destaque. Além de ser rica nos ácidos graxos essenciais ômega-3 e ômega-6, em ferro, zinco, magnésio, potássio e vitaminas A e E, a semente de abóbora contém, em um grama de proteínas, mais triptófanos que um copo de leite, razão pela qual é ideal para prevenir certos transtornos arímicos.

PÔR DO SOL

PORÇÕES: 4 · TEMPO DE PREPARO: 12 MINUTOS · DIFICULDADE: BAIXA

INGREDIENTES
1 romã
8 colheres (sopa) de geleia de damasco
4 iogurtes gregos (coalhada seca)
125ml de creme de leite fresco
100g de açúcar de baunilha
1 punhado de pistaches

VALOR ENERGÉTICO
Calorias: 450kcal
Proteínas: 12g
Gorduras: 32g
Carboidratos: 71g

modo de preparo

Separar os grãos da romã e reservar. Distribuir uma colher (sopa) de geleia de damasco em cada copo. À parte, bater os iogurtes com o creme de leite e o açúcar. Colocar o creme de iogurte nos copos e cobrir com outra colher de geleia. Por último, salpicar por cima os pistaches picados e os grãos de romã e servir bem gelado.

dados nutricionais

Com baixo teor de carboidratos, o aporte calórico da romã é muito baixo, por isso é uma fruta ideal quando se está de dieta, se quer manter o peso sob controle ou se é diabético. Além disso, como contém muito potássio e pouco sódio, é apropriada para pessoas com hipertensão.

SUGESTÃO DE CONSUMO

Se desejar uma sobremesa refrescante e muito menos calórica, pode misturar a romã com iogurte natural desnatado e usar adoçante. A romã fica deliciosa servida com nozes e combina muito bem com geleia de laranja.

QUE DELÍCIA!

PORÇÕES: 6 · TEMPO DE PREPARO: 8 MINUTOS · DIFICULDADE: BAIXA

INGREDIENTES

2 mexericas

4 iogurtes gregos (coalhada seca)

100g de açúcar de baunilha

4 colheres (sopa) de geleia de mexerica

Folhinhas de hortelã

VALOR ENERGÉTICO

Calorias: 269kcal

Proteínas: 4,5g

Gorduras: 4,4g

Carboidratos: 52,6g

modo de preparo

Descascar e partir as mexericas em gomos, eliminando toda a parte branca. Bater o iogurte com o açúcar e acrescentar a geleia de mexerica. Distribuir em vasilhas individuais e acompanhar com gomos de mexerica. Decorar com folhinhas de hortelã e servir bem gelado.

dados nutricionais

Como a mexerica é composta fundamentalmente de água, em relação a outras frutas de seu gênero tem menos açúcar e, portanto, menos calorias. No entanto, seu conteúdo de fibra (que se encontra principalmente na parte branca, entre a polpa e a casca) é significativo, e seu consumo favorece o trânsito intestinal. Quanto a seu aporte vitamínico, destaca-se seu teor de vitamina C, ácido fólico e provitamina A, mais abundante que em qualquer outro cítrico. Também contém ácido cítrico, potássio e magnésio.

SUGESTÃO DE CONSUMO

Além de ingerida ao natural, como fruta fresca ou em forma de suco, podem-se utilizar os gomos de mexerica para decorar bolos ou elaborar sorbets, sorvetes, geleias e licores. Por causa de seu sabor agridoce, também pode ser usada no preparo de um molho requintado para acompanhar aves ou peixes.

ROSA DE CORAÇÕES

PORÇÕES: 6 · TEMPO DE PREPARO: 5 MINUTOS · DIFICULDADE: BAIXA

INGREDIENTES
4 iogurtes de morango
100g de açúcar
125ml de creme de leite
Folhinhas de hortelã
Biscoitinhos em forma de coração

VALOR ENERGÉTICO
Calorias: 325kcal
Proteínas: 5,25g
Gorduras: 5,5g
Carboidratos: 60g

modo de preparo

Bater os iogurtes com o açúcar e o creme de leite até obter uma textura cremosa fina. Distribuir a mistura em vasilhas individuais e decorar com folhinhas de hortelã. Guardar na geladeira até o momento de levar à mesa.

Servir acompanhados dos biscoitinhos, segundo a preferência.

dados nutricionais

Um adulto precisa de 60mg ao dia de vitamina C, e 100g de morangos atendem a essa necessidade. Portanto, o consumo dessa deliciosa fruta é mais que recomendável. Além disso, por ter alto teor de fibra, o morango exerce um poderoso efeito protetor no organismo, pois ajuda a eliminar resíduos nocivos.

SUGESTÃO DE CONSUMO

Ao comprar morangos, escolher os mais gordinhos, brilhantes e de aparência fresca, pois é uma fruta muito delicada e perecível. Não importa o peso ou se as pontas dos talos são mais claras. Precisam ter sempre os talos, que só devem ser retirados na hora de lavá-los, para que se conservem melhor.

SABOR DO CARIBE

PORÇÕES: 4 · TEMPO DE PREPARO: 5 MINUTOS · DIFICULDADE: BAIXA

INGREDIENTES
4 iogurtes naturais
200ml de leite de coco
1 xícara de *müsli*

VALOR ENERGÉTICO
Calorias: 170kcal
Proteínas: 6,25g
Gorduras: 5,35g
Carboidratos: 23g

modo de preparo

Bater os iogurtes com o leite de coco até obter uma textura cremosa fina.

Distribuir em copos individuais, polvilhar por cima o *müsli* e guardar na geladeira até a hora de servir.

dados nutricionais

Seu alto teor de gorduras (33,5g de gordura para cada 100g de polpa), principalmente saturadas (88,6% do total), faz do coco um fruto de alto valor energético, mas muito calórico e gorduroso, razão pela qual convém moderar seu consumo. No entanto, por ser muito rico em sais minerais (magnésio, fósforo, cálcio), o leite de coco é considerado uma bebida mineralizante.

SUGESTÃO DE CONSUMO

Além de utilizar o leite de coco no preparo de coquetéis, sorvetes ou sobremesas, também é possível consumi-lo gelado (diluído com um pouco de água para que fique mais leve), pois é uma bebida muito refrescante.

CONSELHO

Ao preparar a receita, convém polvilhar pouco *müsli*, porque algum convidado pode preferir acrescentá-lo na hora para que não fique excessivamente amolecido.

SENSAÇÕES DO PARAÍSO

PORÇÕES: 6 · TEMPO DE PREPARO: 8 MINUTOS · DIFICULDADE: BAIXA

INGREDIENTES

4 iogurtes naturais
100g de açúcar
4 colheres (sopa) de lascas de chocolate
4 colheres (sopa) de geleia de cereja
100g de cereja
Chantili
Folhinhas de hortelã

VALOR ENERGÉTICO

Calorias: 379kcal
Proteínas: 7,5g
Gorduras: 16g
Carboidratos: 72g

modo de preparo

Bater os iogurtes com o açúcar até obter uma textura cremosa fina. Reservar. Distribuir as lascas de chocolate nos copos. Pôr em cima o iogurte batido com o açúcar e, sobre este, uma colher (sopa) de geleia de cereja.

Por último, cobrir com as cerejas e o chantili e decorar com folhinhas de hortelã.

dados nutricionais

Em razão de seu conteúdo de ferro, cálcio e vitamina C, a cereja é especialmente aconselhável quando existe uma possível desmineralização, como durante a pré-menopausa. Além disso, rica em bioflavonoides, evita a degeneração celular.

SUGESTÃO DE CONSUMO

A cereja flambada com calda de *brandy* vertida sobre sorvete de baunilha forma o famoso *Cherries Jubilee*, uma sobremesa inventada em 1897 para festejar o Jubileu de Diamante da rainha Vitória da Inglaterra, que adorava essa fruta e a achava romântica.

TERRINA PRIMAVERIL

PORÇÕES: 4 · TEMPO DE PREPARO: 10 MINUTOS · DIFICULDADE: BAIXA

INGREDIENTES
300g de morango
4 iogurtes naturais
125ml de creme de leite fresco
100de açúcar
1 tacinha de licor de morango
4 colheres (sopa) de pistaches picados

VALOR ENERGÉTICO
Calorias: 392kcal
Proteínas: 9,9g
Gorduras: 19g
Carboidratos: 40g

modo de preparo

Lavar os morangos, secar com cuidado e retirar o cabinho e as folhas. Picar e reservar. Colocar os iogurtes no liquidificador e bater com o creme de leite e o açúcar, até obter um creme fino. Acrescentar a tacinha de licor e bater de novo.

Distribuir o creme de iogurte nas terrinas e pôr em cima os morangos picados e os pistaches.

dados nutricionais

Além de ser muito rico em potássio, cálcio, fósforo e ferro, o pistache se destaca por seu teor de ácido fólico (100g de pistaches crus têm o mesmo teor de ácido fólico que 100g de pão branco) e por ser a fruta seca com mais vitamina A.

SUGESTÃO DE CONSUMO

Pode-se transformar esta terrina em uma deliciosa sopa fria acrescentando 1 litro de leite no lugar do creme de leite. As crianças vão adorar (neste caso, sem o licor de morango), e os adultos, também. Constitui uma boa maneira de ingerir nutrientes enquanto se desfruta seu sabor.

SMOOTHIES, SAUDÁVEIS E DELICIOSOS

CEM POR CENTO NATURAIS, REFRESCANTES, MULTIVITAMÍNICOS E DE SABOR REQUINTADO, OS SMOOTHIES SÃO MUITO MAIS QUE UM SUCO DE FRUTAS OU VERDURAS. SÃO UMA VERDADEIRA DELÍCIA GASTRONÔMICA QUE SATISFAZ O PALADAR MAIS EXIGENTE.

LEQUE DE FRUTAS

PORÇÕES: 4 · TEMPO DE PREPARO: 5 MINUTOS · DIFICULDADE: BAIXA

INGREDIENTES

250g de frutas silvestres congeladas (morangos, framboesas, mirtilos vermelhos e azuis, amoras, groselhas...)
250g de leite de coco
4 iogurtes naturais
100g de açúcar
Folhinhas de hortelã, groselhas e morangos para decorar

VALOR ENERGÉTICO

Calorias: 263,9kcal
Proteínas: 5,2g
Gorduras: 15,8g
Carboidratos: 53,05g

modo de preparo

Minutos antes de servir os smoothies, colocar as frutas vermelhas, o leite de coco, o iogurte e o açúcar no liquidificador e bater em potência máxima por alguns instantes. Não é conveniente bater demais para que a mistura não esquente; basta triturar a fruta e misturar todos os ingredientes.

Servir os smoothies nos copos e decorar com folhinhas de hortelã fresca, um raminho de groselhas, morangos ou mirtilos.

dados nutricionais

As amoras são das poucas frutas que possuem vitamina E. Essa vitamina é um poderoso antioxidante, que evita a destruição anormal de glóbulos vermelhos e previne os transtornos oculares, as anemias e os ataques cardíacos. Além disso, é um grande aliado para quem não consegue parar de fumar, pois ajuda a eliminar as substâncias tóxicas do cigarro.

SUGESTÃO DE CONSUMO

Convém guardar o leite de coco e o iogurte na geladeira por algumas horas, antes de preparar os smoothies, para que fiquem gelados. E as frutas silvestres também ficam guardadas até o último momento no freezer.

VERDADEIRO PRAZER

PORÇÕES: 4 · TEMPO DE PREPARO: 5 MINUTOS · DIFICULDADE: BAIXA

INGREDIENTES
4 bananas congeladas
20g de cacau puro em pó
4 iogurtes naturais
200ml de leite
30g de manteiga
100g de açúcar
1 fava de cardamomo
Raspas ou lâminas de chocolate
Folhinhas de hortelã
Framboesas desidratadas
Biju

VALOR ENERGÉTICO
Calorias: 251,75kcal
Proteínas: 35g
Gorduras: 15,75g
Carboidratos: 87,8g

modo de preparo

Pôr no liquidificador as bananas picadas, o cacau, os iogurtes, o leite, a manteiga, o açúcar e as sementes da fava de cardamomo e bater em potência máxima por alguns instantes. Servir os smoothies em copos altos. Polvilhar as raspas ou lâminas de chocolate e decorar com folhinhas de hortelã e framboesas desidratadas. Acompanhar com bijus.

dados nutricionais

Originário do Sri Lanka e da Índia, o cardamomo, ou grão-do-paraíso, é um ingrediente habitual da cozinha desses países. É utilizado principalmente na elaboração de vários tipos de arroz. Também é frequente na gastronomia árabe, em especial no preparo do café, a que é acrescentado para transformá-lo em um tônico cardíaco e carminativo.

SUGESTÃO DE CONSUMO

Além de ser um smoothie muito gostoso e nutritivo, ao acrescentar o cardamomo dá-se um toque de especiarias muito aromático e, ao mesmo tempo, nada enjoativo. Podem-se misturar sabores doces com salgados ou picantes, desde que com moderação.

BEIJOS DE MORANGOS E FRAMBOESAS

PORÇÕES: 4 · TEMPO DE PREPARO: 5 MINUTOS · DIFICULDADE: BAIXA

INGREDIENTES

300g de morangos congelados
300g de framboesas congeladas
300ml de leite
100g de açúcar
8 cubinhos de gelo
Framboesas e morangos frescos para decorar

VALOR ENERGÉTICO

Calorias: 125kcal
Proteínas: 2,65g
Gorduras: 2,92g
Carboidratos: 38,35g

modo de preparo

Pôr no liquidificador os morangos, as framboesas, o leite, o açúcar e os cubinhos de gelo e bater em potência máxima durante alguns instantes, até obter a textura suave e homogênea típica do smoothie.

Distribuir em copos altos ou taças e decorar com os morangos ou framboesas frescos.

dados nutricionais

Este smoothie atende às necessidades diárias de vitamina C, que é essencial para a produção de hormônios, colágeno e neurotransmissores. Por isso, é especialmente indicado para fumantes, atletas e pessoas submetidas a estresse.

SUGESTÃO DE CONSUMO

Pode-se substituir o açúcar branco por açúcar demerara e, em vez de colocá-lo no liquidificador com os outros ingredientes, polvilhar sobre o smoothie depois de pronto. Também vale acrescentar algumas perolazinhas de chocolate branco.

CAPRICHOS DA HORTA

PORÇÕES: 4 · TEMPO DE PREPARO: 15 MINUTOS · DIFICULDADE: BAIXA

INGREDIENTES
400g de ervilhas cruas
600g de cenoura
2 talos de aipo
700ml de água
Curry em pó
Cenoura e aipo para decorar

VALOR ENERGÉTICO
Calorias: 117,5kcal
Proteínas: 6,75g
Gorduras: 4,9g
Carboidratos: 20,425g

modo de preparo

Manter as ervilhas cruas. Raspar a pele das cenouras e cortá-las em rodelas. Retirar as fibras do aipo, lavar e picar. Colocar todos os ingredientes no liquidificador e bater.

Coar, se necessário, e distribuir em copos individuais. Decorar com rodelinhas de cenoura e talinhos de aipo e servir gelado.

dados nutricionais

A ervilha é ideal em casos de cansaço ou fraqueza, graças à sua riqueza em minerais e oligoelementos. Aliada à cenoura, resulta em uma refrescante vitamina para recarregar a bateria.

SUGESTÃO DE CONSUMO

Podem-se utilizar tanto ervilhas frescas como congeladas. Se optar por estas últimas, não é necessário descongelar. Esta receita é uma maneira muito refrescante de ingerir verduras nos meses quentes do verão.

CEREJAS DE SONHO

PORÇÕES: 4 · TEMPO DE PREPARO: 5 MINUTOS · DIFICULDADE: BAIXA

INGREDIENTES

200ml de suco de cereja
200ml de suco de maçã
500g de cerejas congeladas sem caroço
4 iogurtes naturais
100g de açúcar
Cerejas frescas

VALOR ENERGÉTICO

Calorias: 343,75kcal
Proteínas: 7,25g
Gorduras: 2,38g
Carboidratos: 73g

modo de preparo

Pôr todos os ingredientes no liquidificador e bater até obter uma textura cremosa suave. Servir em copos individuais e acompanhar com cerejas frescas.

dados nutricionais

Além de ser uma importante injeção de vitaminas, este smoothie potencializa a função muscular e combate a insônia. Se substituir o açúcar por adoçante e usar iogurte desnatado, fica perfeito para quem está de dieta.

SUGESTÃO DE CONSUMO

Não é necessário comprar sucos de cereja e maçã, dá para prepará-los em casa utilizando o liquidificador. Deste modo, obtém-se um suco natural, sem corantes nem conservantes, benéfico ao organismo.

LUZES DE FAROL DELICIOSAS

PORÇÕES: 6 · TEMPO DE PREPARO: 15 MINUTOS · DIFICULDADE: BAIXA

INGREDIENTES

A. De pêssego e laranja:
200g de pêssego em calda
75ml de iogurte sabor pêssego
100ml de suco de laranja
1 colher (chá) de mel

B. De morango:
200g de morango
75ml de iogurte sabor morango
100ml de suco de laranja
1 colher (chá) de mel

C. De manga e hortelã:
2 mangas maduras
4 colheres (sopa) de suco de limão
1 colher (sopa) de açúcar
12 folhinhas de hortelã picadas
500ml de água bem gelada

VALOR ENERGÉTICO
Calorias: 81,5 (A), 57,6 (B), 60,08 (C) kcal
Proteínas: 1,43 (A), 1,68 (B), 0,25 (C) g
Gorduras: 0,23 (A), 0,23 (B), 0 (C) g
Carboidratos: 18,45 (A), 11,7 (B), 14,77 (C) g

modo de preparo

Para preparar o smoothie de pêssego, escorrer os pêssegos e bater com o iogurte, o suco de laranja e o mel. Para preparar o de morango, lavar e secar com cuidado os morangos e retirar as folhinhas. Bater com os outros ingredientes. Para fazer o de manga e hortelã, descascar e retirar o caroço das mangas, cortar em pedaços e bater com os demais ingredientes. Servir bem gelado e em copos altos.

dados nutricionais

Conhecida como "pêssego dos trópicos", a manga é um dos frutos tropicais mais finos e seu sabor é doce e aromático. Por causa de seu alto teor de carboidratos, seu valor calórico é muito elevado. É muito rica em magnésio, provitamina A e vitamina C (200g de sua polpa atendem às necessidades diárias dessas vitaminas de uma pessoa).

toppings

SUGESTÃO DE CONSUMO

Uma forma requintada de degustar e aproveitar os morangos é comê-los ao natural com algumas gotas de lima-da-pérsia. Esta é a forma mais simples e saudável de consumir a fruta.

DOCES GROSELHAS

PORÇÕES: 4 · TEMPO DE PREPARO: 15 MINUTOS · DIFICULDADE: BAIXA

INGREDIENTES

600g de groselhas brancas

100ml de água

150g de açúcar de confeiteiro

200g de creme de leite fresco

VALOR ENERGÉTICO

Calorias: 352,5kcal

Proteínas: 1,9g

Gorduras: 15g

Carboidratos: 52,55g

modo de preparo

Lavar as groselhas, secar algumas com cuidado e reservar para decorar. Levar as restantes ao fogo baixo, com a água, pressionando de vez em quando com a parte posterior de uma colher.

Passar pela peneira e misturar o suco resultante com o açúcar de confeiteiro. Deixar esfriar. Bater o creme de leite bem gelado e acrescentar à mistura anterior. Distribuir em copos individuais e decorar com as groselhas reservadas.

dados nutricionais

Por ter pectina entre seus componentes, a groselha (vermelha, preta ou branca) favorece a absorção da água e da gordura, e por isso é indicada para quem quer perder peso.

SUGESTÃO DE CONSUMO

Ao comprar groselhas, conferir se estão firmes ao tato e com cor brilhante e intensa. Devem estar firmes e secas, pois se estiverem molhadas mofarão logo. Costumam se manter em boas condições entre quatro e dez dias, mas tendem à desidratação.

ESPUMA DE CEREJAS

PORÇÕES: 4 · TEMPO DE PREPARO: 10 MINUTOS · DIFICULDADE: BAIXA

INGREDIENTES

400g de cereja

4 bolas de sorvete de chocolate branco

400ml de leite

1 tacinha de licor de cereja

VALOR ENERGÉTICO

Calorias: 248,2kcal

Proteínas: 6,2g

Gorduras: 9g

Carboidratos: 32,81g

modo de preparo

Lavar, secar e retirar o caroço das cerejas. Colocar no liquidificador e bater. Acrescentar os demais ingredientes e bater até obter uma mistura homogênea e suave.

Distribuir em copos individuais e servir imediatamente.

dados nutricionais

A cereja é considerada antirreumática, antiartrítica, adstringente, diurética, antisséptica, energética, mineralizante e, principalmente, desintoxicante.

SUGESTÃO DE CONSUMO

Se as cerejas estiverem um pouco verdes, devem ser deixadas fora da geladeira para que amadureçam. Se já estiverem maduras, devem ser guardadas na geladeira sem que se esmaguem demais entre si. Assim, duram dois ou três dias.

FONTE DE BAUNILHA

PORÇÕES: 4 · TEMPO DE PREPARO: 20 MINUTOS · DIFICULDADE: BAIXA

INGREDIENTES
500ml de leite
2 vagens de baunilha
8 colheres (sopa) de açúcar
500ml de creme de leite fresco
Folhinhas de hortelã

VALOR ENERGÉTICO
Calorias: 637,5kcal
Proteínas: 6,5g
Gorduras: 41,88g
Carboidratos: 58,75g

modo de preparo

Em uma panela, aquecer metade do leite sem deixar ferver e acrescentar o conteúdo das vagens de baunilha. Misturar com o açúcar e deixar esfriar na geladeira.

Bater o creme de leite bem gelado até que fique cremoso e espumoso. Com a batedeira, bater o leite com a baunilha e misturar com o creme de leite. Servir bem gelado em taças, decorando o smoothie com folhinhas de hortelã.

dados nutricionais

A característica que distingue uma boa fava de baunilha é ter um aspecto flexível e brilhante. As baunilhas mais aromáticas, conhecidas pela denominação *vanille givrée* (baunilha gelada), têm nas pontas um leve véu branco.

SUGESTÃO DE CONSUMO

Se guardar as vagens de baunilha no açúcar, depois de duas ou três semanas o açúcar adquirirá sabor de baunilha e poderá ser utilizado para adoçar e também como ingrediente de outras receitas que o requeiram.

FUSÃO EM ROSA

PORÇÕES: 4 · TEMPO DE PREPARO: 10 MINUTOS · DIFICULDADE: BAIXA

INGREDIENTES

500g de framboesa

200ml de suco de maçã

1 iogurte grego (coalhada seca)

100ml de leite

1 colher (sopa) de mel

1 colher (sopa) de germe de trigo

VALOR ENERGÉTICO

Calorias: 124,55kcal

Proteínas: 4,5g

Gorduras: 2,47g

Carboidratos: 19,8g

modo de preparo

Lavar e secar com cuidado as framboesas. Separar algumas para a decoração e bater o restante no liquidificador com o suco de maçã, o iogurte, o leite, o mel e o germe de trigo.

Distribuir a mistura em copos individuais, decorar com algumas framboesas e servir bem gelado.

dados nutricionais

A framboesa é uma fruta deliciosa e excelente para a saúde. No entanto, seu consumo não é recomendado para quem tem transtornos gastrintestinais ou insuficiência renal.

CONSELHO

Embora existam cultivos em estufa, onde se produz framboesas ao longo do ano todo, com tamanho bem grande, essas têm pouco aroma e são menos doces. A temporada alta da framboesa é na primavera e no verão, embora também possam ser encontradas no outono.

SUGESTÃO DE CONSUMO

Além de decorar com framboesa, uma boa opção é levar à mesa vários potinhos com mirtilos, bolinhas de chocolate branco e preto, passas etc., para que cada convidado escolha seus sabores favoritos.

GELEIRA DE PÊSSEGOS

PORÇÕES: 4 · TEMPO DE PREPARO: 10 MINUTOS · DIFICULDADE: BAIXA

INGREDIENTES

4 pêssegos

1 banana

300ml de suco de laranja

2 iogurtes gregos (coalhada seca)

2 colheres (sopa) de mel

2 colheres (sopa) de açúcar

VALOR ENERGÉTICO

Calorias: 252kcal

Proteínas: 3,31g

Gorduras: 2,3g

Carboidratos: 54,44g

modo de preparo

Descascar, picar e congelar a fruta, reservando algumas rodelinhas de pêssego. Quando estiver congelada, retirar do freezer e bater com os demais ingredientes até que fique uma mistura homogênea. Se desejar que fique mais líquida, acrescentar mais suco. Servir a mistura em copos individuais e decorar com as rodelinhas de pêssego.

dados nutricionais

Ao contrário do que possa parecer em razão de seu sabor doce, o pêssego não é exatamente uma fruta que tem mais carboidratos e calorias. No entanto, destaca-se sua riqueza em fibras, excelente para melhorar o trânsito intestinal. Em sua composição mineral, deve-se ressaltar o teor de potássio e, em menor quantidade, de magnésio e iodo.

SUGESTÃO DE CONSUMO

Convém manter os pêssegos que não estejam totalmente maduros em temperatura ambiente até que fiquem no ponto perfeito. Quando já estão maduros, pode-se guardá-los na geladeira, mas sempre separados de outras frutas, pois os odores se misturam e estragam mais facilmente a fruta.

GOTAS DE CÉU

PORÇÕES: 4 · TEMPO DE PREPARO: 8 MINUTOS · DIFICULDADE: BAIXA

INGREDIENTES
4 bananas
400ml de leite
4 bolas de sorvete de creme
1 colher (chá) de canela em pó
Canela em pau

VALOR ENERGÉTICO
Calorias: 238kcal
Proteínas: 6,2g
Gorduras: 8,9g
Carboidratos: 33,25g

modo de preparo

Picar as bananas. Bater na batedeira com o leite, até que fique um creme bem suave.

Distribuir a mistura em copos individuais, acrescentar uma bola de sorvete de creme e polvilhar com canela em pó. Decorar com uma canela em pau e servir imediatamente.

dados nutricionais

Conforme seu conteúdo gorduroso, expresso em porcentagem de matéria graxa em relação ao peso bruto do produto, o creme de leite disponível no mercado pode ser normal ou light.

SUGESTÃO DE CONSUMO

Em vez de sorvete de creme, pode-se utilizar chantili. Se for batido em casa, o creme de leite deve ser guardado na geladeira por 24 horas antes de usar. Também convém manter a canela em pau e os recipientes que for utilizar bem gelados.

CONSELHO

A canela tem um sabor muito intenso, de modo que seu uso deve ser moderado, porque pode esconder o sabor de outros ingredientes.

FEITIÇO DE MIRTILOS

PORÇÕES: 4 · TEMPO DE PREPARO: 10 MINUTOS · DIFICULDADE: BAIXA

INGREDIENTES

4 maçãs tipo *golden*
1 caixinha de mirtilos congelados (100g)
4 iogurtes naturais
4 colheres (sopa) de mel
1 colher (chá) de essência de baunilha
Mirtilos para decorar

VALOR ENERGÉTICO

Calorias: 253,5kcal
Proteínas: 6,35g
Gorduras: 1,625g
Carboidratos: 52,875g

modo de preparo

Descascar e bater as maçãs no liquidificador. Acrescentar os demais ingredientes e bater até obter um creme suave.

Distribuir a mistura em copos individuais, decorar com mirtilos e servir bem gelado.

dados nutricionais

A maçã da variedade *golden delicious* é uma das mais cultivadas em todo o mundo. De forma redonda e regular, sua casca é amarelo-esverdeada e sua polpa é suculenta, crocante, doce e aromática. É encontrada quase durante o ano todo.

SUGESTÃO DE CONSUMO

Para preparar um smoothie muito mais grosso, em vez de bater a maçã no liquidificador (depois de descascada e cortada), triturá-la com o restante dos ingredientes. Outra variação é decorar com uma mistura de frutas silvestres.

ICEBERG DE AMORAS

PORÇÕES: 4 · TEMPO DE PREPARO: 8 MINUTOS · DIFICULDADE: BAIXA

INGREDIENTES
350g de queijo fresco
300ml de leite
120g de açúcar
300g de amoras congeladas

VALOR ENERGÉTICO
Calorias: 310,75kcal
Proteínas: 10,15g
Gorduras: 9,625g
Carboidratos: 45g

modo de preparo

Bater o queijo com o leite e o açúcar até obter um creme de textura suave. Acrescentar as amoras congeladas (reservando algumas para a decoração final da receita) e bater todos os ingredientes.

Distribuir a mistura em copos individuais, decorar com as amoras e servir bem gelado.

dados nutricionais

Por seu teor de ferro, a amora é maravilhosa para combater a anemia. Além disso, o suco de amoras com um pouco de água morna e mel é excelente para combater doenças da garganta.

SUGESTÃO DE CONSUMO

Além de utilizar a amora para o preparo deste delicioso smoothie, pode-se usá-la para preparar sucos, geleias, compotas e sobremesas, musse inclusive. E é perfeita para decorar receitas à base de iogurte, por causa do contraste de cores.

ILUSÃO DE CHOCOLATE

PORÇÕES: 4 · TEMPO DE PREPARO: 5 MINUTOS · DIFICULDADE: BAIXA

INGREDIENTES

4 bolas de sorvete de chocolate

800ml de leite de soja

8 colheres (sopa) de nozes picadas

2 copos de essência de coco

4 colheres (sopa) de essência de baunilha

VALOR ENERGÉTICO

Calorias: 400,75kcal

Proteínas: 12,34g

Gorduras: 28,18g

Carboidratos: 21,625g

modo de preparo

Colocar todos os ingredientes em uma tigela e bater na batedeira até obter um creme suave e homogêneo.

Distribuir o creme em copos individuais e servir imediatamente, antes que fique morno.

dados nutricionais

Por não conter lactose, nem açúcar, nem colesterol, o leite de soja é uma alternativa perfeita ao leite de vaca para pessoas intolerantes a lactose, diabéticas ou que precisam baixar os níveis de colesterol.

SUGESTÃO DE CONSUMO

O leite de soja pode ser utilizado do mesmo jeito que o leite de vaca. Entra no preparo tanto de sobremesas quanto de molhos, que ficarão suaves e com sabor agradável. Depois de cozido, o leite de soja conserva todas as suas propriedades.

JARDINS DE MARACUJÁ

PORÇÕES: 4 · TEMPO DE PREPARO: 15 MINUTOS · DIFICULDADE: BAIXA

INGREDIENTES
4 maçãs
2 laranjas
3 mangas
2 maracujás
2 bananas

VALOR ENERGÉTICO
Calorias: 143kcal
Proteínas: 1,75g
Gorduras: 0,5g
Carboidratos: 33g

modo de preparo

Descascar, picar e bater bem as maçãs no processador. Reservar o suco obtido. Preparar o suco de laranja e reservar.

Descascar e picar as mangas e bananas, juntar com a polpa do maracujá e bater tudo no liquidificador, com o suco de maçã e de laranja. Distribuir a mistura em copos individuais e servir bem gelado.

dados nutricionais

O maracujá, ou "fruta da paixão", além de ter um elevado conteúdo de água, é muito rico em vitaminas e minerais, como vitamina C e provitamina A ou betacaroteno, ambas fundamentais para nosso organismo. Por ter grande teor de fibras, é ideal para quem sofre de constipação.

CONSELHO

A melhor maneira de degustar o maracujá ao natural é abrindo-o ao meio e extraindo a polpa com uma colher. Outra forma original de consumir esta fruta é, por exemplo, com leite de coco e algumas gotas de suco de limão.

SUGESTÃO DE CONSUMO

O maracujá é uma fruta tropical, por isso, uma opção divertida é decorar este smoothie com canudinhos ou guarda-chuvinhas coloridos.

JOGOS DE SABOR

PORÇÕES: 4 · TEMPO DE PREPARO: 10 MINUTOS · DIFICULDADE: BAIXA

INGREDIENTES

1kg de pepino

2 limões

10 folhas de hortelã fresca

8 ou 10 cubinhos de gelo

Brotos de soja

VALOR ENERGÉTICO

Calorias: 24kcal

Proteínas: 1g

Gorduras: 1g

Carboidratos: 3,5g

modo de preparo

Descascar e picar os pepinos. Espremer os limões. Bater os pepinos com o suco de limão, as folhas de hortelã e o gelo.

Distribuir a mistura em copos individuais, espalhar por cima os brotos de soja e servir imediatamente.

dados nutricionais

O pepino, por ser uma hortaliça rica em água (contém mais de 96% de água), é muito refrescante. Além disso, como seu teor de potássio é alto e não contém sódio, facilita a drenagem do organismo, sendo um excelente diurético.

SUGESTÃO DE CONSUMO

O pepino também é delicioso em raspadinha, misturado com suco de toranja. Para preparar, use 1 pepino, 150ml de suco de toranja e alguns cubinhos de gelo para cada porção.

LÁBIOS DE ABACAXI

PORÇÕES: 4 · TEMPO DE PREPARO: 12 MINUTOS · DIFICULDADE: BAIXA

INGREDIENTES

1 abacaxi
800ml de água de coco
4 iogurtes naturais
4 colheres (sopa) de açúcar
Cubinhos de gelo
1 pote de cerejas em calda

VALOR ENERGÉTICO

Calorias: 294,35kcal
Proteínas: 6,36g
Gorduras: 1,5g
Carboidratos: 63,36g

modo de preparo

Descascar e picar o abacaxi. Reservar algumas rodelinhas para decorar. Bater o abacaxi cortado com a água de coco, os iogurtes, o açúcar e o gelo. Distribuir a mistura em copos individuais, decorar com as rodelinhas de abacaxi reservadas e as cerejas; servir bem gelado.

dados nutricionais

O abacaxi regula o metabolismo e tem propriedades antioxidantes, laxantes, diuréticas, e oferece a sensação de saciedade. Também ajuda na digestão de proteínas e previne e melhora a constipação. Reduz o colesterol no sangue e, portanto, os riscos de doenças cardiovasculares.

SUGESTÃO DE CONSUMO

Com a casca do abacaxi, é possível preparar uma deliciosa gelatina. Levar ao fogo com um pouco de água, uma pitada de baunilha e gelatina em pó sem sabor. Após cozinhar durante cerca de 5 minutos, passar por um coador e deixar gelar até que endureça.

Les bons desserts

Chez nous, la grande variété de gâteaux, vous assure toujours de passer un moment agréable.

NUVENS DOCES

PORÇÕES: 4 · TEMPO DE PREPARO: 15 MINUTOS · DIFICULDADE: BAIXA

INGREDIENTES
2 pitaias amarelas grandes
250g de açúcar demerara
½ limão
1 clara de ovo
Folhinhas de hortelã

VALOR ENERGÉTICO
Calorias: 278,25kcal
Proteínas: 1,51g
Gorduras: 0,11g
Carboidratos: 68,35g

modo de preparo

Limpar, descascar e cortar as pitaias em pedacinhos de 3cm. Levar ao freezer até que congelem.

Pulverizar o açúcar em um recipiente com as pitaias congeladas e meio limão, sem pele nem sementes. Bater na batedeira até que forme um creme suave. Em separado, bater a clara em neve e acrescentar com leveza ao creme. Distribuir em copos altos, decorar com as folhinhas de hortelã e servir bem gelado.

dados nutricionais

A pitaia amarela possui um aroma intenso e sua polpa é muito refrescante e doce, mas é pobre em calorias. A polpa é branca e cheia de sementes pretas muito pequenas que se destacam por seu efeito laxante.

CONSELHO

A pitaia amarela deve ser mantida em lugar fresco, seco e longe da luz direta do sol. Pode ser degustada aberta ao meio, a colheradas, em rodelas, em sucos, em vitaminas... Em alguns países é também usada como corante.

SUGESTÃO DE CONSUMO

Para esta receita foi escolhida a pitaia amarela. A variedade vermelha é menos aromática e um pouco mais insípida, mas sua cor atraente a transforma em um fruto ideal para decorar.

ENTARDECER REFRESCANTE

PORÇÕES: 4 · TEMPO DE PREPARO: 10 MINUTOS · DIFICULDADE: BAIXA

INGREDIENTES
800g de melancia
500g de morango
100g de açúcar
Cubinhos de gelo
Folhinhas de hortelã

VALOR ENERGÉTICO
Calorias: 205kcal
Proteínas: 2g
Gorduras: 0g
Carboidratos: 47,75g

modo de preparo

Descascar e picar a melancia. Lavar e secar com cuidado os morangos e retirar as folhinhas. Reservar alguns para decorar.

Bater as frutas com o açúcar e os cubinhos de gelo. Distribuir a mistura em copos altos e decorar com as folhinhas de hortelã. Servir imediatamente.

dados nutricionais

A melancia é um alimento diurético, digestivo, antioxidante e hidratante, principalmente antes e depois de fazer exercícios. Seu consumo é recomendado contra inflamação da bexiga.

SUGESTÃO DE CONSUMO

Para preparar um delicioso suco de melancia com chá, bater 200g de melancia sem as sementes, depois, acrescentar um copo de chá vermelho, algumas gotas de suco de limão e um pouquinho de raspas de limão. Bater novamente, coar, levar à geladeira e servir quando estiver bem gelado.

SABORES SUTIS

PORÇÕES: 4 · TEMPO DE PREPARO: 15 MINUTOS · DIFICULDADE: BAIXA

INGREDIENTES

2 colheres (sopa) de creme de chocolate branco
500ml de leite
2 bananas
1 iogurte cremoso de baunilha
Folhinhas de hortelã-verde

VALOR ENERGÉTICO

Calorias: 142,75kcal
Proteínas: 3,2g
Gorduras: 4,56g
Carboidratos: 22,18g

modo de preparo

Em uma panela, aquecer em fogo baixo o creme de chocolate, acrescentando o leite pouco a pouco sem parar de mexer. Quando começar a ferver, retirar a panela do fogo e deixar esfriar. Picar as bananas e bater com o iogurte. Acrescentar o creme de chocolate e bater até que fique um creme fino e levemente espumoso. Distribuir a mistura em taças, decorar com folhinhas de hortelã e servir bem gelado.

dados nutricionais

A hortelã-verde, seca ou fresca, é uma fonte de ferro. Esse mineral é essencial para o transporte do oxigênio e a formação de glóbulos vermelhos no sangue. Também participa da fabricação de novas células, hormônios e neurotransmissores. Além disso, a hortelã tem propriedades digestivas.

SUGESTÃO DE CONSUMO

Na falta de creme de chocolate, pode-se misturar 50g de chocolate branco derretido com 25g de avelãs moídas. Para fazer um creme de chocolate com sabor mais intenso, misture chocolate preto com açúcar demerara.

SONHOS DE CAFÉ

PORÇÕES: 4 · TEMPO DE PREPARO: 5 MINUTOS · DIFICULDADE: BAIXA

INGREDIENTES
500ml de leite
2 colheres (sopa) de café instantâneo
4 colheres (sopa) de açúcar
4 colheres (sopa) de calda de chocolate
2 copos de gelo picado
Grãos de café torrados

VALOR ENERGÉTICO
Calorias: 308,75kcal
Proteínas: 5,5g
Gorduras: 12,5g
Carboidratos: 43,625g

modo de preparo

Bater o leite, o café instantâneo, o açúcar e a calda de chocolate no liquidificador. Acrescentar o gelo picado e misturar.

Distribuir a mistura em copos altos, decorar com os grãos de café e servir imediatamente.

dados nutricionais

Além de seu sabor, a popularidade do café se deve principalmente a seu efeito revigorante, tonificante e estimulante, por causa do teor de cafeína.

SUGESTÃO DE CONSUMO

Pode-se preparar uma deliciosa vitamina de café dissolvendo 200g de açúcar em um litro de leite fervente. Depois, acrescentar um pouco de baunilha, misturar, deixar esfriar e guardar na geladeira. Quando o leite estiver bem gelado, bater com duas taças de licor de laranja e quatro cubinhos de gelo. Distribuir em taças individuais e espalhar por cima de cada uma delas uma colher de café-solúvel.

SUSSURROS SILVESTRES

PORÇÕES: 4 · TEMPO DE PREPARO: 8 MINUTOS · DIFICULDADE: BAIXA

INGREDIENTES

400g de acelgas jovens
800ml de *kefir*
300g de mirtilos vermelhos
Folhinhas de hortelã

VALOR ENERGÉTICO

Calorias: 161,5kcal
Proteínas: 9,975g
Gorduras: 4,575g
Carboidratos: 20,15g

modo de preparo

Lavar as acelgas e retirar a parte fibrosa com uma faca. Bater com o *kefir* e os mirtilos vermelhos, até obter um creme suave e homogêneo.

Despejar o smoothie em copos, decorar com folhinhas de hortelã e servir bem gelado.

dados nutricionais

Originário do Cáucaso, o *kefir* é um cogumelo que se nutre de leite e o faz fermentar. O resultado é uma espécie de iogurte, a que se atribuem propriedades para combater asma, constipação, infecções, doenças renais, úlceras e até mesmo transtornos relacionados com o sistema nervoso.

SUGESTÃO DE CONSUMO

Este requintado smoothie é uma versão da sopa *Barszcz*, típica dos países do Leste Europeu (a original leva beterraba em vez de mirtilos), consumida há séculos por conta de suas propriedades tonificantes e reconstituintes.

TENTAÇÃO DE MELÃO

PORÇÕES: 4 · TEMPO DE PREPARO: 8 MINUTOS · DIFICULDADE: BAIXA

INGREDIENTES
700g de melão-cantalupo
1 litro de leite
Folhinhas de hortelã

VALOR ENERGÉTICO
Calorias: 202,25kcal
Proteínas: 9,75g
Gorduras: 9,1g
Carboidratos: 20,875g

modo de preparo

Retirar a casca e as sementes do melão e picá-lo, reservando umas rodelinhas para decorar. Bater o melão com o leite até obter uma mistura espumosa. Distribuir em copos individuais e decorar com folhinhas de hortelã. Servir bem gelado.

dados nutricionais

Convém conservar o melão dentro da geladeira, na parte menos fria. Uma vez aberto, deve ser protegido e isolado na geladeira, pois absorve os sabores e odores de outros alimentos.

SUGESTÃO DE CONSUMO

O melão ao vinho do porto é um delicioso prato de origem francesa. Para elaborá-lo, utilizam-se os típicos melões franceses redondinhos, tipo cantalupo. Partido ao meio, retiram-se as sementes e verte-se no oco o vinho do porto. Come-se a colheradas.

SORVETES, FRIA TENTAÇÃO

QUEM PODE RESISTIR À TENTAÇÃO DE UM SABOROSO SORVETE? CONSIDERADOS UM MANJAR DE REIS, OS SORVETES JÁ FAZIAM AS DELÍCIAS DOS ANTIGOS GREGOS. O PRÓPRIO MARCO POLO SE RENDEU A SEU SABOR, E AS DAMAS DO RENASCIMENTO ITALIANO SUSPIRAVAM POR ELES.

AO DELICIOSO PICOLÉ

PORÇÕES: 4 · TEMPO DE PREPARO: 5 MINUTOS · DIFICULDADE: BAIXA

INGREDIENTES

PARA OS PICOLÉS DE LARANJA:

500ml de suco de laranja

100g de açúcar

½ colher (chá) de corante alimentar

PARA OS PICOLÉS DE MORANGO:

500g de morango

Suco de ½ limão

100g de açúcar

1¼ copo de água fervida

VALOR ENERGÉTICO

Calorias: 154,75kcal (picolé de laranja); 124,05kcal (picolé de morango)

Proteínas: 0g (picolé de laranja e de morango)

Gorduras: 0g (picolé de laranja e de morango)

Carboidratos: 38,9g (picolé de laranja); 30,9g (picolé de morango)

modo de preparo

Para preparar os picolés de laranja, misturar em um recipiente todos os ingredientes até que fiquem bem diluídos. Depois, despejar nas formas para picolé e levar ao freezer por 3-4 horas.

Para os picolés de morango, lavar os morangos e retirar o cabinho e as folhas. Bater com o suco de limão, o açúcar e a água. Despejar nas formas e levar ao freezer por 3-4 horas.

dados nutricionais

Os sorvetes de gelo industriais, conhecidos popularmente como picolés, têm pouco valor nutritivo, mas, se feitos em casa com suco de frutas, seu valor nutritivo será muito mais alto. Ao mesmo tempo, também se controlará o excesso de calorias.

SUGESTÃO DE CONSUMO

Para quem não tem forminhas de picolé (com palitos na tampa), é possível usar as formas de gelo do freezer, colocando um palito em cada uma, que pode ser feito partindo em pedaços alguns espetinhos de madeira.

DESEJOS DE AFRODITE

PORÇÕES: 4 · TEMPO DE PREPARO: 15 MINUTOS · DIFICULDADE: MÉDIA

INGREDIENTES

200g de groselha

1 laranja grande (suco e raspas)

3 colheres (sopa) de açúcar de confeiteiro

250g de queijo *mascarpone*

200ml de chantili

Groselhas para decorar

Folhinhas de hortelã

VALOR ENERGÉTICO

Calorias: 582,5kcal

Proteínas: 12,5g

Gorduras: 53,21g

Carboidratos: 21,15g

modo de preparo

Lavar as groselhas e pôr no copo do liquidificador com o suco e as raspas de laranja, o açúcar de confeiteiro e o *mascarpone*. Bater até que fique na textura de papinha.

Pôr a mistura em uma tigela e acrescentar o chantili com movimentos circulares. Levar ao freezer em recipiente sem tampa por 4 horas. Pôr o sorvete em taças e decorar com groselhas e folhinhas de hortelã.

dados nutricionais

O *mascarpone*, originário da Lombardia (Itália), é um queijo fresco elaborado com creme de leite, nata e ácido cítrico ou acético. De consistência mole e muito cremoso, seu sabor é doce e levemente ácido. Embora seja um queijo muito calórico (500 calorias em cada 100g), também é muito rico em vitaminas do grupo B, cálcio, fósforo e potássio.

SUGESTÃO DE CONSUMO

Como não é fácil encontrar groselhas frescas durante o ano todo, é melhor utilizar groselhas congeladas, que até são mais baratas. O chantili também pode ser comprado pronto.

CONSELHO

Convém, um pouco antes de começar a preparar a receita, retirar o *mascarpone* da geladeira para que não fique excessivamente duro.

BOLAS COLORIDAS

PORÇÕES: 4 · TEMPO DE PREPARO: 15 MINUTOS · DIFICULDADE: MÉDIA

INGREDIENTES

1kg de fruta a sua escolha: kiwi, framboesa, pêssego, manga, melão...
Suco de 2 laranjas
Suco de 1 limão
800g de açúcar moído
400g de creme de leite
Biju colorido

VALOR ENERGÉTICO

Calorias: 336kcal (se a escolha recair sobre o kiwi)
Proteínas: 3,13g
Gorduras: 10,50g
Carboidratos: 39g

modo de preparo

Bater a fruta escolhida até obter um purê grosso. Colocar em uma tigela, acrescentar os sucos de laranja e limão e o açúcar, misturando bem. Despejar na sorveteira. Levar à geladeira por 3-4 horas. Bater o creme de leite até engrossar e juntar à mistura anterior.

Levar ao freezer e tirar minutos antes de servir. Formar bolas com o sorvete e servir em taças, com os bijus.

dados nutricionais

Por ser um produto lácteo, o sorvete possui um alto valor nutritivo: contém 14% mais proteínas e quatro vezes mais carboidratos que o leite. E não engorda tanto quanto se acredita: seu valor energético é médio (entre 150 e 300 calorias em cada 100g), variando conforme os ingredientes utilizados no preparo.

SUGESTÃO DE CONSUMO

Se feita em vários sabores, o colorido desta sobremesa a torna especial para festas e comemorações. Se desejar deixá-la ainda mais requintada, pode servi-la acompanhada de *coulis* de chocolate quente e chantili. O resultado é espetacular!

FAÍSCAS CROCANTES

PORÇÕES: 4 · TEMPO DE PREPARO: 20 MINUTOS + TEMPO DE CONGELAMENTO · DIFICULDADE: MÉDIA

INGREDIENTES

8 cookies
4 gemas de ovo
350ml de leite condensado
3 colheres (sopa) de água de flor de laranjeira
500ml de creme de leite fresco bem gelado
Cacau em pó
Folhinhas de hortelã

VALOR ENERGÉTICO

Calorias: 195,575kcal
Proteínas: 7,685g
Gorduras: 11,44g
Carboidratos: 18,21g

modo de preparo

Quebrar os cookies com as mãos. Em uma vasilha grande, bater as gemas de ovo. Acrescentar o leite condensado, a água de flor de laranjeira e os cookies picados.

Bater o creme de leite bem gelado e acrescentar com cuidado à mistura anterior. Despejar na sorveteira ou trabalhar manualmente o sorvete.

Antes de servir gelado, polvilhar com cacau em pó e decorar com folhinhas de hortelã.

dados nutricionais

Além de ser um poderoso antioxidante, o chocolate preto (presente nos cookies) contém flavonoides, ótimos para o coração. No entanto, deve ser ingerido com moderação. Não é necessário comer mais de 50g de chocolate preto por dia para tirar proveito de seus benefícios.

SUGESTÃO DE CONSUMO

O sorvete pode ser feito com a ajuda de uma sorveteira elétrica ou manualmente, tirando do freezer a cada meia hora para bater, até ficar firme.

CÉU DA TARDE

PORÇÕES: 4 · TEMPO DE PREPARO: 12 MINUTOS · DIFICULDADE: BAIXA

INGREDIENTES
8 pêssegos achatados (paraguayas)
2 bandejinhas de gelo
100g de açúcar de confeiteiro
1 limão
Folhinhas de hortelã

VALOR ENERGÉTICO
Calorias: 174kcal
Proteínas: 1,625g
Gorduras: 0g
Carboidratos: 41,875g

modo de preparo

Descascar os pêssegos, retirar o caroço e picar. Descascar o limão, eliminando toda a parte branca, e retirar também as sementes. Picar tudo.

Colocar todos os ingredientes em uma vasilha e bater na batedeira. Distribuir a mistura em taças, decorar com folhinhas de hortelã e servir imediatamente.

dados nutricionais

Os pêssegos achatados, assim como suas irmãs, as nectarinas, são ricos em carotenos, vitaminas e sais minerais. Têm propriedades anticancerígenas e antioxidantes.

SUGESTÃO DE CONSUMO

Também se pode preparar uma deliciosa vitamina de pêssegos achatados. Para isso, triturar 500g de pêssegos (sem pele, sem caroço e picados) com 250ml de leite, 2 iogurtes naturais e 100g de açúcar.

DELICATÉSSEN DE MIRTILOS E ROMÃ

PORÇÕES: 4 · TEMPO DE PREPARO: 5 MINUTOS · DIFICULDADE: BAIXA

INGREDIENTES

200g de coalhada seca

350g de mirtilo

250ml de suco de romã

VALOR ENERGÉTICO

Calorias: 122,75kcal

Proteínas: 3,25g

Gorduras: 3,2g

Carboidratos: 20,3g

modo de preparo

Colocar todos os ingredientes em uma vasilha e bater na batedeira até obter um creme muito fino. Coar, se necessário.

Despejar a mistura em formas especiais para picolés e fixar o palitinho de madeira ou de plástico. Levar ao freezer até congelar.

dados nutricionais

O suco de romã se destaca por seu teor de polifenóis antioxidantes, taninos adstringentes e antocianina, um tipo de pigmento (também antioxidante) que colore a polpa da romã e lhe dá o tom característico.

SUGESTÃO DE CONSUMO

Pode-se fazer coalhada seca caseira com leite integral e iogurte natural. O resultado dessa receita é um refrescante e leve sorvete para degustar entre as refeições ou como sobremesa.

DUO DE CHOCOLATE E MORANGOS

PORÇÕES: 4 · TEMPO DE PREPARO: 25 MINUTOS · DIFICULDADE: MÉDIA

INGREDIENTES
275g de chocolate preto • 4 biscoitos • 100ml de creme de leite fresco •
500ml de leite • 2 gemas de ovo • 5 colheres (sopa) de geleia de morango

VALOR ENERGÉTICO
Calorias: 715kcal • Proteínas: 9,8g •
Gorduras: 35,95g • Carboidratos: 88g

modo de preparo

Partir o chocolate e picar os biscoitos. Em uma panela, aquecer o creme de leite e o leite em fogo médio, até que comece a ferver. Retirar do fogo e reservar. Em um recipiente grande, bater as gemas com o açúcar, até que fiquem espumosas. Despejar o leite por cima e mexer. Levar ao fogo alto e, quando começar a ferver, abaixar o fogo, mexendo até que engrosse.

Retirar do fogo e acrescentar o chocolate, mexendo até que fique totalmente dissolvido. Despejar em um recipiente e levar ao freezer. Quando começar a congelar, acrescentar os biscoitos, misturar bem e, a seguir, adicionar a geleia. Misturar de novo e levar ao freezer novamente. Na hora de servir, formar bolas com o sorvete em vasilhas individuais.

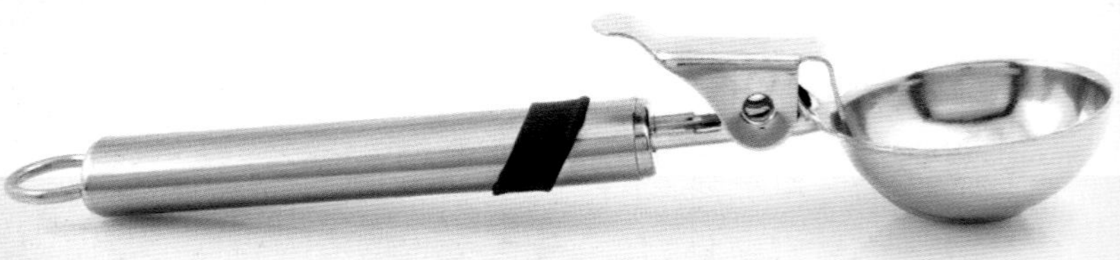

SUGESTÃO DE CONSUMO

A geleia de morango é um alimento ideal para consumir no café da manhã e em lanches, assim como para acompanhar sobremesas, elaborar sorvetes ou preparar receitas à base de carne. Também é perfeita para comer com iogurte, queijo de cabra, patês etc. Existem mil possibilidades!

dados nutricionais

Apesar de terem fama de muito calóricas, as frutas em calda e as geleias não fazem feio. Em cada 20g, são ingeridas no máximo 50 calorias (quantidade inferior à fornecida por três torrões de açúcar), no caso das frutas em calda, e 35 calorias no caso das geleias.

GROSELHAS REQUINTADAS

PORÇÕES: 4 · TEMPO DE PREPARO: 30 MINUTOS · DIFICULDADE: MÉDIA

INGREDIENTES

425ml de leite
1 fava de baunilha
4 gemas de ovo
250g de açúcar
225g de groselhas pretas frescas, sem o cabinho, e algumas para enfeitar
6 colheres (sopa) de água
425ml de creme de leite fresco
Folhinhas de hortelã

VALOR ENERGÉTICO

Calorias: 703,8kcal
Proteínas: 8,36g
Gorduras: 41,1g
Carboidratos: 75,11g

modo de preparo

Levar ao fogo o leite com a fava de baunilha, até ferver. Retirar do fogo, deixar descansar por 10 minutos e tirar a baunilha. Bater as gemas com 115g de açúcar. Acrescentar, pouco a pouco, o leite, mexendo constantemente. Coar e levar ao fogo baixo por 10 a 15 minutos, sem parar de mexer. Retirar do fogo e deixar esfriar por pelo menos uma hora, mexendo de vez em quando. Em uma panela, aquecer as groselhas com o restante do açúcar e a água, mexendo até dissolver o açúcar. Deixar em fogo baixo para que as groselhas fiquem moles. Peneirar e deixar esfriar.

Bater o creme de leite, misturar com o creme de gemas e processar na sorveteira. Antes que congele, espalhar a metade em um recipiente próprio para freezer e, por cima, metade do purê de groselhas; repetir as camadas. Levar ao freezer novamente. Para servir, formar bolas com o sorvete em vasilhas individuais, acompanhadas de groselhas frescas e folhinhas de hortelã.

dados nutricionais

Originária da Europa Central e Setentrional e Ásia Setentrional, a groselha é uma fruta silvestre, doce, saborosa e muito perfumada. Com ela podem-se preparar sorvetes, molhos, geleias, compotas, sucos, licores etc.

CONSELHO

É preciso tirar o sorvete do freezer e colocar na geladeira um pouco antes de servir, para que fique na textura adequada. Por volta de 20 minutos, se estiver em um recipiente grande, ou 10 minutos, se forem porções individuais.

FANTASIA DE BANANA

PORÇÕES: 4 · TEMPO DE PREPARO: 20 MINUTOS · DIFICULDADE: BAIXA

INGREDIENTES
4 bananas
Suco de ½ limão
10 avelãs
200g de chocolate preto
4 bolas de sorvete de baunilha
4 bolas de sorvete de morango
4 colheres (sopa) de glucose de milho (ou mel)
Chantili

VALOR ENERGÉTICO
Calorias: 626kcal
Proteínas: 7,675g
Gorduras: 26,3g
Carboidratos: 89,55g

modo de preparo

Descascar as bananas e partir ao meio em sentido longitudinal. Regar com o suco de limão para evitar que fiquem pretas e distribuir em quatro pratos. Amassar as avelãs no pilão e reservar.

Picar o chocolate e derreter em banho-maria lentamente. Pôr uma bola de sorvete de baunilha e outra de morango em cada banana. Cobrir com glucose de milho e chocolate derretido. Por último, espalhar por cima as avelãs picadas e servir com chantili bem gelado.

SUGESTÃO DE CONSUMO

Em vez de glucose de milho pode-se utilizar calda de caramelo, mas ele é recomendável por ser muito depurativo. Também é perfeito para acompanhar crepes e waffles.

dados nutricionais

Como têm um alto teor de ácidos graxos monoinsaturados, as avelãs previnem doenças cardiovasculares e ajudam a reduzir os níveis de colesterol. Mas, como seu aporte calórico é muito elevado (650kcal em cada 100g), devem ser consumidas com moderação.

FLORES DE FRAMBOESAS E CHANTILI

PORÇÕES: 4 · TEMPO DE PREPARO: 12 MINUTOS · DIFICULDADE: MÉDIA

INGREDIENTES
3 claras de ovo
400g de chantili
6 colheres (sopa) de açúcar
250g de framboesa

VALOR ENERGÉTICO
Calorias: 475,5kcal
Proteínas: 6,3g
Gorduras: 30g
Carboidratos: 44,5g

modo de preparo

Bater as claras em neve com o açúcar e misturar delicadamente com o chantili. Despejar na sorveteira ou em uma forma de metal umedecida, gelada, e levar ao freezer. Verificar o congelamento a cada meia hora ou menos, dependendo da rapidez de esfriamento, mexendo com cuidado uma ou duas vezes.

Retirar do freezer e deixar amolecer um pouco na geladeira, antes de misturar com as framboesas e distribuir em taças altas e servir.

dados nutricionais

O creme de leite utilizado para chantili deve ter uma porcentagem de 30% de gordura ou mais.

SUGESTÃO DE CONSUMO

O chantili deve ser mantido a uma temperatura entre 5ºC e 10ºC, para que não se altere. Um bom truque é colocá-lo em recipiente de vidro ou aço inoxidável, dentro de outro maior, com água e gelo.

FUSÃO MÁGICA

PORÇÕES: 4 · TEMPO DE PREPARO: 25 MINUTOS · DIFICULDADE: MÉDIA

INGREDIENTES
6 gemas de ovo
120g de açúcar
1 colher (sobremesa) de amido de milho
450ml de leite
130g de chocolate preto ralado
130g de chocolate branco ralado
100g de framboesa
400ml de creme de leite fresco
Essência de baunilha
Folhas de hortelã

VALOR ENERGÉTICO
Calorias: 775,5kcal
Proteínas: 11,86g
Gorduras: 52,31g
Carboidratos: 65,21g

modo de preparo

Bater as gemas com o açúcar e o amido. Aquecer o leite e, quando começar a ferver, juntar as gemas batidas sem parar de mexer. Cozinhar até que a mistura engrosse. Distribuir em três vasilhas. Na primeira, acrescentar o chocolate preto ralado e deixar que derreta. Na segunda, fazer o mesmo com o chocolate branco; na terceira, juntar as framboesas amassadas. Deixar esfriar os três cremes e guardar na geladeira.

Bater o creme de leite com a essência de baunilha, distribuir nas três vasilhas e misturar com cuidado. Bater separadamente na sorveteira e, quando tiverem engrossado, montar em camadas em uma mesma travessa. Cobrir com filme de PVC e congelar por 12 horas. Retirar do freezer 20 minutos antes de servir, cortar em fatias e decorar com folhas de hortelã.

SUGESTÃO DE CONSUMO

O sorvete pode ser cortado em fatias mais ou menos grossas, ou apresentado em forma de bolas regulares, modeladas com uma concha especial para sorvetes previamente mergulhada em água quente.

dados nutricionais

Para ser exato, o chocolate branco não é chocolate, pois não leva pasta de cacau em sua composição. É elaborado com manteiga de cacau (pelo menos 20%), leite (em pó ou condensado) e açúcar. É muito energético e doce.

GULOSEIMAS GELADAS

PORÇÕES: 4 · TEMPO DE PREPARO: 12 MINUTOS · DIFICULDADE: BAIXA

INGREDIENTES
Suco de 1 laranja
1 tacinha de vinho do porto
200g de açúcar
150g de morangos chilenos
150g de amora
150g de groselha
4 bolas de sorvete de framboesa
1 copo de creme de leite fresco
Folhinhas de hortelã

VALOR ENERGÉTICO
Calorias: 603,75kcal
Proteínas: 5,51g
Gorduras: 23,75g
Carboidratos: 84,7g

modo de preparo

Misturar o suco de laranja com o vinho do porto e o açúcar. Acrescentar os morangos chilenos, as amoras e as groselhas (reservando algumas para decorar) e deixar macerar durante uma hora. Bater a mistura, passar por um coador fino para eliminar as sementes e misturar com o creme de leite fresco. Pôr uma bola de sorvete em cada taça, despejar por cima o creme e decorar com as frutas reservadas e folhas de hortelã.

dados nutricionais

O vinho do porto pertence ao gênero de vinhos conhecidos como fortificados, que surgiram nos séculos XVI e XVII como produto da adição de *brandy* ao vinho, quando está em processo de fermentação. Caracteriza-se por sua grande intensidade aromática, pela presença de álcool, grande doçura e teor de taninos.

SUGESTÃO DE CONSUMO

Nos sorbets e raspadinhas, algumas rodelas de fruta fresca ou folhas de hortelã ou coentro acentuam o sabor e o colorido. Além de ser uma refrescante combinação de cores, o sabor da hortelã é perfeito para o toque ácido.

TENTAÇÃO IRRESISTÍVEL

PORÇÕES: 6 · TEMPO DE PREPARO: 55 MINUTOS · DIFICULDADE: MÉDIA

INGREDIENTES
4 ovos
100g de açúcar
300ml de leite
450g de damasco
Suco de ½ limão
Essência de baunilha
150ml de chantili
Folhinhas de hortelã

VALOR ENERGÉTICO
Calorias: 369,5kcal
Proteínas: 11,4g
Gorduras: 18,875g
Carboidratos: 38,56g

modo de preparo

Bater as gemas com 75g de açúcar e juntar o leite pouco a pouco. Misturar bem e levar ao banho-maria, mexendo constantemente até que o creme engrosse um pouco. Deixar esfriar. Cortar os damascos ao meio, retirar o caroço e pôr em uma panela com o restante do açúcar e o suco de limão. Cobrir com água e cozinhar até que fiquem macios. Escorrer e reservar o caldo do cozimento. Reduzir a polpa a purê. Completar com o caldo reservado até obter 600ml. Deixar esfriar.

Misturar o creme com o purê de damascos e algumas gotas de essência de baunilha. Acrescentar o chantili e despejar em uma bandeja plana. Levar ao freezer. Depois de 2 horas, retirar e bater com um batedor manual. Acrescentar as claras batidas em neve e congelar de novo. Meia hora antes de servir, tirar do freezer e deixar na geladeira, para amolecer. Para servir em vasilhas individuais, formar bolas e decorar com a hortelã.

SUGESTÃO DE CONSUMO

Os sorvetes feitos com base em um preparado similar à gemada devem ficar pelo menos 1 hora no freezer, depois de preparados na sorveteira, para ganhar mais consistência. Além das folhas de hortelã, este sorvete pode ser decorado com frutas silvestres.

dados nutricionais

O damasco, também conhecido como abricó, tem a polpa suculenta, firme, com um delicioso sabor adocicado. Os mais doces e suculentos podem ser encontrados do final da primavera ao final do verão.

MOCA SENSAÇÃO

PORÇÕES: 4 · TEMPO DE PREPARO: 20 MINUTOS · DIFICULDADE: MÉDIA

INGREDIENTES

¾ de litro de leite
2 colheres (chá) de café instantâneo
1 xícara de rum
5 gemas de ovo
200g de açúcar
½ colher (sopa) de gelatina em pó sem sabor
Morangos e grãos de café torrados
para decorar
Folhas de hortelã

VALOR ENERGÉTICO

Calorias: 422,5kcal
Proteínas: 9,125g
Gorduras: 13,44g
Carboidratos: 58,44g

modo de preparo

Levar o leite ao fogo e, quando ferver, acrescentar o café e o rum, batendo até dissolver. Em uma tigela, bater as gemas com o açúcar, acrescentar o leite e misturar bem. Dissolver a gelatina em um pouco de água quente e acrescentar à mistura. Despejar em um recipiente de alumínio e levar ao freezer. Quando começar a endurecer, bater o sorvete, repetindo a operação de três a cinco vezes, até que endureça perfeitamente. Distribuir em taças e decorar com os morangos, os grãos de café e as folhas de hortelã.

dados nutricionais

O café liofilizado é um café 100% solúvel e instantâneo, muito fácil de preparar, pois basta acrescentar água e os grãos se transformam em um café excelente. De 1kg de café liofilizado se obtêm de 360 a 390 xícaras.

SUGESTÃO DE CONSUMO

Como o sorvete é uma sobremesa especial que não se come todos os dias, deve-se valorizar sua apresentação. Pode-se servi-lo sobre waffles, como faziam os primeiros imigrantes italianos chegados aos Estados Unidos, ou em taças, vasilhas, copos e pratinhos, o que lhe dará um toque mais requintado.

NINHOS DE BAUNILHA E GROSELHAS

PORÇÕES: 4 · TEMPO DE PREPARO: 30 MINUTOS · DIFICULDADE: MÉDIA

INGREDIENTES

PARA O SORVETE DE BAUNILHA:

750ml de leite
1 fava de baunilha
4 gemas de ovo
75g de açúcar
200ml de chantili

PARA O SORBET DE GROSELHAS:

½ litro de vinho tinto
250g de groselha
200g de açúcar

VALOR ENERGÉTICO

Calorias: 598,75kcal
Proteínas: 4,475g
Gorduras: 21,16g
Carboidratos: 76,6g

modo de preparo

Para elaborar o sorvete, cozinhar o leite com a baunilha. Enquanto isso, bater as gemas de ovo com o açúcar e, quando adquirirem uma cor esbranquiçada, despejar sobre o leite com baunilha. Manter no fogo até que engrosse. Retirar, deixar amornar e acrescentar o chantili. Deixar esfriar e levar para gelar na sorveteira.

Para preparar o sorbet, levar ao fogo o vinho com as groselhas e o açúcar, até que este se dissolva. Então, deixar ferver por 1 minuto. Tirar do fogo e deixar esfriar. Bater e coar. Trabalhar a mistura com a sorveteira ou de forma manual.

dados nutricionais

O gosto da baunilha pode variar segundo o país de origem, o processo de cultivo, a maturidade no momento da colheita e o processo de secagem e cura utilizado.

SUGESTÃO DE CONSUMO

Podem-se acrescentar a este sorvete algumas macadâmias picadas. Colocá-las no creme antes de levá-lo ao freezer.

PAIXÃO POR SORVETE

PORÇÕES: 4 · TEMPO DE PREPARO: 25 MINUTOS · DIFICULDADE: MÉDIA

INGREDIENTES

PARA O SORVETE DE PISTACHE:

125g de pistache, sem casca nem pele
1 litro de leite
4 gemas de ovo
250g de açúcar
Corante alimentar verde

PARA O SORVETE DE MORANGO:

250g de morango
100g de açúcar
3 gemas de ovo
250ml de leite
¼ de colher (chá) de sal
500ml de creme de leite
1 colher (chá) de essência de baunilha

PARA O SORVETE DE BAUNILHA:

1 fava de baunilha
750ml de leite
200ml de creme de leite
4 gemas de ovo
75g de açúcar

PARA O SORVETE DE PÊSSEGO:

4 pêssegos amarelos
300g de leite condensado
2 colheres (sopa) de suco de limão
2 colheres (sopa) de licor de pêssego
300g de creme de leite para chantili

modo de preparo

Para o sorvete de pistache, picá-los até que formem uma pasta fina. Acrescentar o leite fervido e deixar macerar durante uma hora. Despejar sobre as gemas batidas com o açúcar e cozinhar até engrossar. Retirar do fogo, acrescentar o corante verde, deixar esfriar e levar ao freezer.

Para o sorvete de morango, batê-los com metade do açúcar. Em uma panela, cozinhar as gemas com o leite, o sal e o restante do açúcar, sem parar de mexer e não deixando ferver. Despejar em um recipiente e levar à geladeira por 3 horas, mexendo de vez em quando. Acrescentar o creme de leite e a baunilha, misturar e acrescentar o purê de morango. Colocar na sorveteira.

Para o sorvete de baunilha, seguir a receita anterior. E, para fazer o de pêssego, batê-los com o leite condensado, o licor e o suco de limão. Acrescentar o creme de leite e despejar na sorveteira ou em um recipiente. Levar ao freezer.

SUGESTÃO DE CONSUMO

Para dar mais sabor ao sorvete, pode-se banhá-lo com calda de chocolate ou *coulis* de framboesas, morangos, figos ou laranjas. Pode-se decorar com calda de chocolate ou caramelo e folhinhas de hortelã.

dados nutricionais

O alto teor de ácidos graxos poli-insaturados e ácido oleico do pistache ajuda a baixar o colesterol, por isso, é uma sobremesa muito apropriada para quem tem colesterol alto.

PEQUENOS CAPRICHOS

PORÇÕES: 4 · TEMPO DE PREPARO: 25 MINUTOS · DIFICULDADE: MÉDIA

INGREDIENTES
100g de açúcar
150g de castanha-de-caju
1 fava de baunilha
3 ovos
250ml de creme de leite azedo
1 pitada de sal
Confetes, bijus e cerejas para decorar

VALOR ENERGÉTICO
Calorias: 565,75kcal
Proteínas: 14g
Gorduras: 40,5g
Carboidratos: 36,31g

modo de preparo

Preparar o caramelo cozinhando o açúcar com 30ml de água, sem parar de mexer. Acrescentar as castanhas-de-caju, despejar sobre papel vegetal e deixar esfriar. Bater até virar pó. Extrair os grãos da fava de baunilha e misturar com as gemas e as castanhas caramelizadas.

Acrescentar o creme de leite. Bater as claras em neve com uma pitada de sal e acrescentar à mistura. Despejar em um recipiente e guardar no freezer por 4 horas. Formar bolas com o sorvete, colocar em taças e servir com os confetes, bijus e cerejas.

dados nutricionais

A castanha-de-caju é uma valiosa fonte de vitamina B, especialmente B1, B2 e B5. Além disso, é rica em minerais, principalmente potássio, cálcio, ferro e fósforo.

SUGESTÃO DE CONSUMO

Como qualquer fruta seca, com sua composição completa, a castanha-de-caju é ideal como complemento de uma refeição leve, como petisco ou até como lanche da tarde. É magnífica tanto para receitas doces quanto salgadas.

POT-POURRI DE SABORES

PORÇÕES: 4 · TEMPO DE PREPARO: 15 MINUTOS · DIFICULDADE: MÉDIA

INGREDIENTES
2 limões
4 iogurtes naturais
120g de açúcar
1 envelope de açúcar de baunilha
4 colheres (sopa) de creme de leite fresco
Framboesas, groselhas e mirtilos para decorar

VALOR ENERGÉTICO
Calorias: 272,8kcal
Proteínas: 5,7g
Gorduras: 4,5g
Carboidratos: 52,25g

modo de preparo

Lavar os limões, secar e ralar a casca. Colocar os iogurtes em uma tigela e misturar com os dois tipos de açúcar e as raspas de limão. Bater o creme de leite firme e juntar aos iogurtes. Misturar com cuidado e despejar na sorveteira ou em um recipiente levado ao freezer para o preparo manual.

Distribuir as bolas de sorvete em taças e servir decoradas com framboesas, groselhas e mirtilos.

dados nutricionais

O limão ocupa o primeiro lugar dentre os frutos curativos, preventivos e de aporte vitamínico, o que o transforma em grande eliminador de toxinas e poderoso bactericida. É um fruto que se poderia definir como medicinal, pois age como curativo para mais de uma centena de doenças.

CONSELHO

Este sorvete também fica delicioso preparado com coalhada seca em vez de iogurte, e com calda de chocolate quente por cima para adoçar ainda mais. Também fica bom servido com bolo.

SUGESTÃO DE CONSUMO

É possível decorar com frutas vermelhas (como neste caso), calda ou outras frutas picadas, conforme a preferência.

PRALINÉ DE CHOCOLATE E CHANTILI

PORÇÕES: 4 · TEMPO DE PREPARO: 20 MINUTOS · DIFICULDADE: MÉDIA

INGREDIENTES

3 claras de ovo
6 colheres (sopa) de açúcar
400g de creme de leite fresco

PARA A COBERTURA DE CHOCOLATE:

1 colher (chá) de gelatina em pó sem sabor
300g de doce de leite
200g de chocolate cobertura
⅓ de copo de creme de leite

PARA DECORAR:

Framboesas, morangos, cerejas e folhinhas de hortelã

VALOR ENERGÉTICO

Calorias: 843,2kcal
Proteínas: 13,44g
Gorduras: 48,99g
Carboidratos: 90g

modo de preparo

Bater as claras com o açúcar e o creme de leite e despejar na sorveteira, ou em tigela para o preparo manual do sorvete. Para preparar a cobertura de chocolate, hidratar a gelatina em sete colheres (chá) de água fria. A seguir, em uma caçarola, pôr o doce de leite, acrescentar o chocolate picado, o creme de leite e a gelatina hidratada; misturar bem.

Formar as bolas de sorvete, mergulhá-las na cobertura de chocolate e deixar que solidifique. Partir as bolas ao meio e decorar com as frutas e a hortelã.

dados nutricionais

Um chocolate cobertura de boa qualidade tem de conter, em média, de 55% a 60% de manteiga de cacau.

SUGESTÃO DE CONSUMO

Se quiser fazer lascas de chocolate, espalhar a cobertura, na espessura mais fina possível, sobre uma superfície lisa (mármore, aço inoxidável ou papel vegetal), com a ajuda de uma espátula. Deixar esfriar e, com a espátula, raspar o chocolate tirando lascas.

PURO PRAZER

PORÇÕES: 4 · TEMPO DE PREPARO: 25 MINUTOS · DIFICULDADE: MÉDIA

INGREDIENTES
400ml de leite
200ml de creme de leite grosso
50g de leite em pó
1 canela em pau
5 gemas de ovo
200g de açúcar
20g de açúcar invertido (ou mel)
Bijus

VALOR ENERGÉTICO
Calorias: 563,25kcal
Proteínas: 10,575g
Gorduras: 28,625g
Carboidratos: 65,75g

modo de preparo

Em uma panela, misturar o leite e o creme de leite e, sem parar de mexer, acrescentar aos poucos o leite em pó. Levar ao fogo, para aquecer, com a canela dentro. Bater as gemas com o açúcar até que fiquem porosas, acrescentar o açúcar invertido (combinação de glicose e frutose) e, pouco a pouco, adicionar a mistura de leite e creme de leite, batendo constantemente. Levar ao fogo, mas não deixar ferver.

Retirar do fogo e levar à geladeira por cerca de 12 horas. Despejar na sorveteira, deixando o tempo necessário para que dobre de volume. Cortar em fatias grossas e servir com os bijus em forma de biscoito recheado ou sanduíches.

dados nutricionais

Uma gema de ovo aporta 60 calorias e contém gorduras saudáveis. A intensidade de sua cor depende do alimento que a galinha consome.

SUGESTÃO DE CONSUMO

A este sorvete básico podem-se acrescentar frutas secas, framboesas ou qualquer outra fruta, a gosto. Pode ser elaborado com os mais diversos ingredientes.

ACONCHEGO ESQUIMÓ

PORÇÕES: 4 · TEMPO DE PREPARO: 25 MINUTOS · DIFICULDADE: MÉDIA

INGREDIENTES

150g de chocolate branco • 150ml de leite •
60g de açúcar de confeiteiro •
300ml de creme de leite • Canela em pó

VALOR ENERGÉTICO

Calorias: 498,75kcal • Proteínas: 4,95g •
Gorduras: 34,7g • Carboidratos: 41,81g

modo de preparo

Em uma panela, aquecer o chocolate branco picado com a metade do leite, em fogo baixo, mexendo até que derreta. Retirar do fogo e reservar. Em outra panela, aquecer a outra metade do leite e o açúcar de confeiteiro até dissolver. Deixar descansar e misturar com o chocolate.

Bater o creme de leite e acrescentar à mistura de chocolate branco. Despejar na sorveteira. Se for preparar manualmente, coloque em uma tigela e leve ao freezer por cerca de 4 horas, mexendo de vez em quando, até que endureça.

Formar bolas com o sorvete, pôr em taças individuais e polvilhar a canela em pó.

dados nutricionais

Elaborado com açúcar, manteiga de cacau e leite, o chocolate branco foi preparado pela primeira vez na Suíça, poucos anos depois da Primeira Guerra Mundial.

SUGESTÃO DE CONSUMO

Este delicioso sorvete também pode ser banhado com calda de caramelo em vez de polvilhado com canela; vai ficar ótimo.

SANDUÍCHE GELADO

PORÇÕES: 4 · TEMPO DE PREPARO: 10 MINUTOS · DIFICULDADE: BAIXA

INGREDIENTES

4 iogurtes gregos (coalhada seca)
200ml de creme de leite
120g de leite condensado
20g de açúcar invertido (ou mel)
Biju de chocolate

VALOR ENERGÉTICO

Calorias: 350kcal
Proteínas: 8g
Gorduras: 22g
Carboidratos: 29,55g

modo de preparo

Colocar todos os ingredientes em uma tigela e bater na batedeira elétrica até obter um creme fino.

Despejar o creme na sorveteira elétrica. Se for prepará-lo manualmente, colocar em um recipiente e levar ao freezer por cerca de 4 horas, mexendo de vez em quando, até que endureça.

Retirar do freezer 20 minutos antes de servir. Cortar em fatias grossas e servir como sanduíche, com os bijus.

dados nutricionais

O açúcar invertido (combinação de glicose e frutose) tem as mesmas propriedades do mel, de modo que, como não cristaliza, é ideal para adoçar o sorvete, porque se mantém maleável e cremoso, com textura muito suave.

SUGESTÃO DE CONSUMO

Acredita-se que o sanduíche gelado foi inventado em Manhattan, Nova York, e logo adquiriu a popularidade que tem. Podem-se acrescentar frutas silvestres e frutas secas, nozes ou pistache. É um bom lanche para uma tarde de verão.

SERENATA DE MERENGUES

PORÇÕES: 4 · TEMPO DE PREPARO: 25 MINUTOS · DIFICULDADE: MÉDIA

INGREDIENTES

1 litro de leite
1 canela em pau
Casca de 1 limão
4 claras de ovo
300g de açúcar
Canela em pó
Folhinhas de hortelã

VALOR ENERGÉTICO

Calorias: 475kcal
Proteínas: 13g
Gorduras: 8,75g
Carboidratos: 86,25g

modo de preparo

Levar ao fogo baixo, por 5 minutos, o leite com 250g de açúcar, a canela em pau e as raspas de limão. Deixar esfriar, coar e reservar.

Bater as claras em neve com o restante do açúcar e juntar delicadamente ao leite já frio, misturando com um batedor manual. Despejar na sorveteira, ou em uma assadeira metálica, e levar ao freezer. Retirar o sorvete 20 minutos antes de servir. Distribuir em copos, polvilhar com canela e decorar com folhinhas de hortelã.

dados nutricionais

Esta receita é elaborada com leite e clara de ovo, adoçada com açúcar e aromatizada com canela. Em geral, é servida bem gelada, de modo que parte da bebida esteja parcialmente congelada e com uma textura muito similar à da neve.

SUGESTÃO DE CONSUMO

Também pode ser servida semilíquida, como se fosse um sorbet. Nesse caso, bater o sorvete depois que houver solidificado. Doce, nutritivo e refrescante, é perfeito para comemorações e festas.

TULIPAS DE LIMÃO E ERVA-DOCE

PORÇÕES: 4 · TEMPO DE PREPARO: 35 MINUTOS · DIFICULDADE: MÉDIA

INGREDIENTES

4 limões-sicilianos • 150ml de água • 100g de açúcar •
4 anises-estrelados • Corante verde • 1 colher (chá) de vodca •
2 claras de ovo • Folhinhas de hortelã

VALOR ENERGÉTICO

Calorias: 144,25kcal • Proteínas: 2,5g •
Gorduras: 0g • Carboidratos: 32g

modo de preparo

Cortar a parte superior dos limões, retirar a polpa e bater no liquidificador. Reservar as cascas. Preparar uma calda com a água e o açúcar. Quando a calda entrar em ebulição, acrescentar os anises-estrelados e deixar em infusão até esfriar a mistura. Acrescentar o suco de limão, filtrar e adicionar algumas gotas de corante.

Trabalhar a mistura na sorveteira. Quando começar a ficar firme, acrescentar a vodca e continuar mexendo. Bater um pouco as claras e colocar na sorveteira. Continuar trabalhando o sorbet até que se possam formar bolas. Rechear os limões que haviam sido esvaziados, decorar com hortelã e servir imediatamente.

dados nutricionais

Ao comprar limões, escolher aqueles que têm uma cor amarela intensa e a casca firme, brilhante, de textura lisa. Quando a casca é grossa, o limão tem menos polpa e menos suco.

SUGESTÃO

Para que o limão não estrague, e antes que amoleça e adquira um sabor amargo, pode-se espremê-lo e congelar o suco em recipientes de plástico. No freezer, o suco dura de dois a três meses.

Termos usuais

Açúcar de confeiteiro. Açúcar refinado com 2% ou 3% de amido.

Açúcar invertido. Açúcar obtido da divisão da sacarose em suas duas partes, glicose e frutose, ou seja, é constituído por frutose e glicose em partes totalmente iguais.

Ágar-ágar. Alternativa vegetariana de algas para a gelatina.

Amolecer. Cozinhar lentamente as frutas em um líquido até que fiquem moles, mas não douradas.

Banho-maria. Técnica para aquecer ou cozinhar lentamente um alimento colocando a vasilha que o contém dentro de panela com água fervente.

Banho-maria invertido. Consiste em baixar a temperatura de um alimento colocando a vasilha que o contém dentro de outra maior com gelo ou água gelada. Costuma ser utilizado para bater o creme de leite e para temperar o chocolate.

Bater. Misturar energicamente, em um movimento circular para cima, usando um garfo ou um batedor manual, para que entre ar no líquido ou na massa.

Bico. Cone de plástico ou metal, com o vértice cortado em diversos desenhos, usado com o saco de confeiteiro para dar forma aos cremes.

Branquear. Escaldar rapidamente o alimento para amolecer, descorar etc.

Brownie. Bolo feito à base de nozes e chocolate. A consistência é dura por fora, mas mole e esponjosa por dentro.

Caloria. Unidade de medida que indica o calor ou energia gerada pelos alimentos no corpo.

Caramelar. Banhar em caramelo.

Caramelo. Solução concentrada de água e açúcar, que se ferve até engrossar. Segundo a temperatura atingida e o tempo de cozimento, chega a diversos pontos (ponto de fio, ponto de bala etc.).

Chantili. Creme usado em confeitaria, feito de creme de leite batido.

Claras em neve. Claras batidas em uma vasilha com uma pitada de sal, até que aumentem de volume e formem picos firmes e consistentes. Levam açúcar quando a receita requer.

Cobertura. Banho que se dá a bolos e doces, com chocolate, creme, calda etc.

Cobrir. Esconder a superfície de uma sobremesa, por exemplo, com um glacê.

Confeitar. Banhar frutas em açúcar ou pasta feita de açúcar.

Coulis. Purê de frutas peneirado, misturado com um agente edulcorante e um pouco de suco de frutas cítricas.

Creme amarelo. Creme de ovo utilizado em confeitaria para rechear bolos e tortas.

Engrossar. É a ação de deixar que um preparado fique denso até perder seu estado líquido.

Espiral de batedeira. Uma pá de batedeira em forma de espiral, que serve para dar leveza e brilho à massa.

Essência de baunilha. Produto derivado da baunilha, que proporciona seu sabor verdadeiro sem que se use a fava.

Fondant. Chocolate preparado para cobertura. É um creme feito com água, limão e açúcar de confeiteiro, utilizado para banhar bolos e doces.

Gelatina. Agente espessante que permite que os líquidos endureçam em forma de geleia. É vendida em pó ou em folhas.

Globo de batedeira. Pá de batedeira em forma de globo, com vários arames curvados.

Merengue. Preparação feita com clara de ovo batida em neve e açúcar. Costuma ser aromatizado com baunilha e com frequência recebe outros ingredientes, como coco ralado, frutas secas etc.

Musse. Sobremesa gelada com uma textura leve e aerada. É preparada geralmente com leite, ovos e açúcar batidos.

Parfait. Sorvete feito com creme de baunilha e creme de leite batido.

Polvilhar. Cobrir um alimento com uma camada leve de um ingrediente em pó.

Ponto de neve. É o ponto de consistência das claras de ovo batidas quando ficam brancas e firmes.

Ponto de pomada. Denomina-se assim a manteiga em temperatura ambiente ou os cremes que, depois de batidos, adquirem uma textura suave e lustrosa.

Sabayon. Creme leve feito à base de gemas e vinho ou licor. Em confeitaria, é utilizado acrescentando açúcar.

Saco de confeiteiro. Cone de tecido ou plástico, em cujo vértice truncado se coloca um bico. É utilizado para distribuir e dar forma decorativa a cremes.

Índice de receitas